Schriftenreihe des Stadtarchivs Heidelberg · Heft 2

Im Auftrag
der Stadt Heidelberg herausgegeben
von Rudolf Benl

W0049648

6.12.99

Carl Rahl, Ludwig Feuerbach

ERICH THIES

Ludwig Feuerbach

zwischen Universität und Rathaus
oder die Heidelberger Philosophen
und die 48er Revolution

1990
Verlag Brigitte Guderjahn
Heidelberg

Umschlaggestaltung nach einem Entwurf von Eberhard Witte, Heidelberg

Abbildung auf dem Umschlag:

Johannes Ruff, Blick aus dem Kappschen Garten
auf Heidelberg. Um 1842

© 1990 · Verlag Brigitte Guderjahn · Heidelberg
Satz: Heidelberger Verlagsanstalt und Druckerei, Heidelberg
Druck: Dr. Johannes Hörning, Heidelberg · Bindearbeit: Aloys Gräf, Heidelberg

Inhalt

»Ich . . . gestehe, daß ich nicht verstehe, was unsere Philosophen . . . eigentlich sagen wollen, obgleich die Heidelberger Philosophen sonst leicht zu verstehen sind« – so äußert sich der Kurator der Universität Heidelberg gegenüber dem Großherzoglichen Ministerium des Innern in Karlsruhe und beendet mit diesem Satz – der, wie auch immer er gewendet wird, in keinem Fall zu einem Kompliment werden kann – am 9. Januar 1849 die Geschichte einer rühmlich-unrühmlichen Auseinandersetzung – um Ludwig Feuerbach nämlich, der um keinen Preis einer der oben genannten Philosophen werden wollte und sollte und doch wollte. Das ist zwar paradox, aber genauso war es.

Dabei fing alles ganz harmlos an und wurde eigentlich hinter dem Rücken der Beteiligten zu einem Politikum, einem Lehrstück an Politik sogar, in aufgeregter, ja revolutionärer Zeit.

Heidelberg im Vormärz und in der Revolution von 1848/49 wurde von Herbert Derwein gründlich beschrieben; von Hans Martin Mumm ist die Geschichte des Heidelberger Arbeitervereins 1848/49 bekanntgemacht worden.[1] Hier soll nun anhand der Akten der Philosophischen Fakultät und des Briefwechsels zwischen Fakultät, Universität und Großherzoglich Badischer Regierung ein Vorgang, wie es verwaltungsdeutsch heißt, nachgezeichnet werden, der Feuerbachs Vorlesungen im Heidelberger Rathaus und vor allem deren durch radikale politische Ziele von Studenten geprägte Vorgeschichte betrifft.[2] Es handelt sich zugleich um einen Vorgang, der ein Licht auf die allgemeinen politischen und längst nicht mehr nur hochschulpolitischen Verhältnisse der Zeit wirft, genauer: auf die zuerst verbalen und taktischen Auseinandersetzungen in Heidelberg zwischen sich mischenden und auch zusammenarbeitenden Teilen der Arbeiter-, Bürger- und Studentenschaft auf der einen und Universität, Mehrheit der Professorenschaft und Regierung auf der anderen Seite, Auseinandersetzungen, die dann im bewaffneten Kampf der Aufstände in Baden und in der Rheinpfalz enden.

Plastisch wird das Ganze, wenn man zwei Fäden verfolgt: Feuerbachs Beziehungen zur Universität und zu seinen in Heidelberg lebenden Freunden bilden sozusagen den längeren Faden. Er ist mehr von biographischem Interesse und dient der Vollständigkeit des Bildes, auch wenn die sein Verhältnis zur Universität und Universitätskarriere grundsätzlich bestimmenden politischen Probleme bereits 1823 in Heidelberg sichtbar werden. Der kürzere beginnt mit einem Bericht der Theologischen Fakultät vom 1. Februar 1848 an das Akademische Direktorium und einem Vorschlag des bereits anfangs zitierten Kurators der Universität – woran man ablesen kann, wie wichtig Staatsbeamte für Berufungsverfahren und Politik sind –, was man denn mit den Mitteln anfangen solle, die durch den Tod des Kirchenrats Lewald frei geworden seien. Das war eine durchaus übliche und harmlos scheinende Frage, aber eine Frage, die in größere politische Verwicklungen hineinführen sollte.

Aktenkundig verknüpft worden sind diese beiden Fäden im August 1848 durch drei Studenten, die – ein ungeheurer und provokativer Vorgang – über die Köpfe der Philosophen und Administratoren der Universität hinweg das Ministerium des Innern unmittelbar und öffentlich bitten, Feuerbach zu berufen, ein Vorgehen, das – bis heute – allein dem auf dem Dienstweg schreitenden Rektorate, nicht aber Professoren, geschweige denn Studenten erlaubt ist, Studenten im übrigen, die sich nach Ende der Vorlesungen in bluternste Auseinandersetzungen mit dem Staat einlassen.

Der zeitlich längere Faden, Feuerbach und Heidelberg zwischen 1823 und 1849, ist hier entschieden kürzer gefaßt. Das liegt daran, daß zu Studium, Freundschaft, Liebesverwirrungen und Exaltationen keine Akten angelegt werden, es sei denn, sie führten die Beteiligten den Weg zu Polizeibehörden und Gerichten. Der kürzere, kein Jahr lange Faden wird so ausführlich aufgenommen, weil er fast von heute zu sein scheint – und weil die bislang weitgehend unbekannt gebliebenen Akten und Schriftstücke dieses nahelegen. Da solche Fäden nur durch ihre Knoten auffallen, folgt eine Reihe von Episoden, von Einsprengseln zwischen den größeren Kapiteln der Geschichte der Jahre 1848 und 1849, Episoden, die die Geschichte aber zugleich ausmachen.

Feuerbach und Heidelberg

1 | Einer, dem es in Heidelberg und in seinen Studien wohl ist; auch als Mitglied des »Geheimen Bundes«?

Sein vierter Sohn Ludwig sei ein »sehr edler, allem Guten nachstrebender, mit gründlichen Vorkenntnissen ausgerüsteter Jüngling, der sich nicht des Brotes wegen, sondern aus leidenschaftlicher Liebe der Theologie« ergeben habe, so lautet 1823 die »wärmste« Empfehlung des Vaters an den Heidelberger Theologen Heinrich Eberhard Gottlob Paulus.[3] Der Vater ist ein bekannter Jurist, Präsident des Appellationsgerichtes in Ansbach; Ludwig Feuerbachs berufliche Startchancen sind also nicht schlecht.

Wie Väter irren können: Theologie bleibt zwar bis zu dem uns interessierenden Jahr 1848 das zentrale Thema, aber als Religionskritik und Aufhebung der Theologie in eine religiöse Anthropologie; und auch Paulus ist im Spiel geblieben, aber als einer, von dessen theologischer Position sich Feuerbach sofort scharf absetzt, um sich Hegel zuzuwenden. Paulus sollte sich dann seinerseits 1848 als 87jähriger vernichtend über die republikanische Bewegung und Feuerbachs Heidelberger Vorlesungen äußern. So eng verbunden sind die Fäden von Anfang an, das inhaltliche Interesse Feuerbachs, Religion und philosophisches Denken miteinander zu verbinden, was zwangsläufig zu einer theologiekritischen Position führen mußte, seine kritische und politisch wirkende Denkungsart also, und Namen wie Paulus, Hegel und Heidelberg.

Sinnigerweise ist derjenige, der die Empfehlung des Vaters an Paulus sowie dessen kritische Äußerungen zur Badischen Revolution und zu Feuerbach im Jahre 1851, als alles vorbei war, bekanntgemacht hat, Karl Alexander Freiherr von Reichlin-Meldegg gewesen, eben der Heidelberger Philosophieprofessor, der 1848 ein staunenswertes Fakultätsgutachten über Feuerbach schreibt, auf das noch ausführlich zurückzukommen sein wird. So klein kann eben die akademische Welt sein.

Am 17. April 1823 wird der achtzehnjährige Feuerbach an der Universität Heidelberg immatrikuliert, hört auch kurz bei dem Alttestamentler Paulus, interessiert sich dann aber mehr für die von Karl Daub und dessen Kreis (Creuzer und Görres) vertretene romantisch-spekulative Richtung. In einem Brief an seinen Vater rechtfertigt er diesen Schritt gegen Paulus und Voß und deren orthodoxen Rationalismus und damit gegen die Empfehlung seines

Vaters. Das polemische und pathetische, auch überhebliche Vokabular der Argumente, die er gegen Paulus anführt, beweist anschaulich, daß Daubs hegelianisierendes Denken bereits auf ihn gewirkt hat. Paulus' Kollegium sei nichts als ein »Spinngewebe von Sophismen, die er mit dem Schleimauswurf seines mißratenen Scharfsinnes« zusammenleime, ein »Inquisitionsgericht, wo die Sprache unter den Torturen eines spanischen Stiefels an ihrer freien Selbstauslegung gehindert wird«. Und weiter: »Wenn ich Paulus' Ansichten kennen lernen will, da brauche ich in kein Kollegium zu gehen, sondern nur in die nächste beste Kneipe, da höre ich sie ebensogut und vielleicht noch besser von Leuten, die sie in dummnaiver Herzenseinfalt herausplaudern, ohne, wie der Herr Kirchenrat, die häßlichen Krähengestalten ihrer Ansichten mit der Pfauenfeder spitzfindiger Gelehrsamkeit auszuschmücken.«

Daub dagegen, den er den spekulativsten und denkendsten Kopf der Welt nennt, verteidigt er gegen den von rationalistischer Seite erhobenen Vorwurf des Mystizismus; er begründe alles wissenschaftlich, in seiner inneren, gesetzmäßigen Notwendigkeit und lasse alles sich »aus sich selbst heraus in dem klaren Sonnenscheine der Vernunft entwickeln«, so daß es dem in seinem »ganzen Umfange klar vor Augen liegt, der nur in dem lichten Reiche des lebendigen Begriffs und Bewußtseins lebt und webt«.[4] Diesem Reiche kann Feuerbach in Berlin näher sein, bei Hegel, der Heidelberg gerade fünf Jahre zuvor verlassen hat, Philosophie hören, spekulatives Denken aus erster Hand sozusagen.[5]

Ansonsten scheint er gegenüber dem Vater den Eindruck erweckt zu haben, als sei es ihm in Heidelberg und seinem Studium wohl; er macht eine mehrtägige Reise an den Rhein, nach Köln, und berichtet im Wintersemester 1823/24 über eine neue Wohnung, die er bezogen habe: »Sie besteht aus zwei niedlichen Stuben, sie ist nahe am Kollegiumsgebäude, sie hat den ganzen Tag die Sonne, die Aussicht von ihr geht auf das Schloß und nahe Berge, und was das Schönste ist, sie ist ganz still [...]«[6] Leider war bislang nicht festzustellen, wo diese Wohnung lag.

Feuerbach geht oft spazieren und findet Heidelberg schön, was sicher nicht nur an der Jahreszeit gelegen hat; die lieblichen Laubwälder von 1823 werden für ihn 1848 dann – wie wir sehen werden – zu kahlem, niedrigem Buchengestrüpp.[7] Jetzt heißt es noch:

Ich »besteige die herrlichen Berge, die auf das mannigfaltigste mit lieblichen Laubwäldern, bemoosten Felsen und üppigen, in niedrigen Laubengängen gezognen Weinstöcken ausgeschmückt sind. Oh, wie oft wünsche ich Dich [die Schwester] [...] an meiner Seite, wenn ich auf einem erhabnen Berggipfel im Anschauen der herrlichen, wundervollen Gegend verloren bin, wenn meine Blicke in dem Vater Rhein ihren heitern Durst löschen und über die weite Ebene schnell hinfliegend an den Bergketten jenseits des Rheins sich niederlassen und ruhig verweilen, oder wenn ich hinwandle am Neckarflusse, den die Berge auf beiden Seiten gleichsam zärtlich besorgt begleiten, bis sie den Rhein erblicken und überzeugt sind, daß er jetzt geborgen sein und sicher und ruhig ohne sie hinfließen könne, bis er dem Rheine in die Arme fällt. Von Zeit zu Zeit mache ich auch einen Ritt. So bin ich vor kurzem mit noch 3 andern Studenten in die alte Reichsstadt Worms geritten.«[8]

Aber der idyllische Schein trügt! Neben den romantischen Gefühlen für die Gegend hatte Feuerbach in Heidelberg engen Kontakt zu Studenten, die einem »Geheimen Bund« angehörten, der politische Ziele der mit den Bundestagsbeschlüssen vom 20. September 1819 verbotenen studentischen Verbindungen verfolgte.

Es war ein studentischer Versuch, der restaurativen politischen Entwicklung nach dem Wiener Kongreß eine freiheitliche und demokratische Absicht entgegenzusetzen. In die Illegalität und ins »Geheime« abgedrängt, versuchten Studenten, sich im Untergrund zu organisieren.

Ziel des »Geheimen Bundes«, auch »Bund der Jünglinge« genannt, war laut Notiz des Geheimrats Pfister, der als Mitglied der »Central-Untersuchungs-Commission« in Mainz die Verfolgung der Mitglieder in Baden leitete: »Einheit und Freiheit von Deutschland, unter der Form einer Republik, jedoch soll ein Oberhaupt, unter dem Titel eines Kaisers, bestehen. Dieser soll durch die Gesamtheit gekürt werden.« Als Statuten werden genannt:

»1. Es darf nie etwas Schriftliches aufgenommen werden.
2. Den Verräter trifft der Tod.
3. Jeder muß sich Waffen anschaffen und sich in denselben üben.
4. Verschwiegenheit und möglichste Beförderung des Zwecks.
5. Vom Einkommen jeder Art soll jeder 2% abgeben, um Reisende und Unvermögende zu unterstützen.
6. Jedes Mitglied hat, im Falle des Ausbruchs, den Charakter eines Unterofficials.
7. Strengster Gehorsam gegen die Anordnungen der Mehrzahl.
8. Keiner, der in den Bund aufgenommen ist, kann zurücktreten, selbst durch einen Eid nicht mehr.«[9]

Ludwig Feuerbach ist in die polizeilichen Untersuchungen, die auf die Aushebung und Verfolgung des Geheimen Bundes abzielten, während seiner Heidelberger Studentenzeit einbezogen worden. Anlaß ist ein Brief, den er drei Wochen vor seiner gefühlvollen Landschaftsbeschreibung Heidelbergs, am 13. Juni 1823, an Ferdinand Herbst geschrieben hat. In ihm nennt er einen Heidelberger »Kreis der Tüchtigern«, in dem ein Burschenschafter, Wissmüller, vorgeschlagen habe, Wilhelm I., König von Württemberg, mit einem

Fackelzug zu ehren, um dessen liberale Politik den studentischen Verbindungen gegenüber zu stärken.

Ferdinand Herbst hat um diese Zeit bereits ein Buch geschrieben mit dem Titel: »Ideale und Irrthümer des academischen Lebens in unserer Zeit, oder der offene Bund für das Höchste im Menschenleben, zunächst für die teutsche studierende Jugend« (Stuttgart 1823). Herbst, den Feuerbach vermutlich aus Erlangen kennt, beschäftigt sich in diesem Buch ausführlich mit Geschichte und Aufgabe der Burschenschaften in der Absicht, das »gegenwärtige Verhältnis zu den Behörden möglichst aufzuklären und das eigene Bestreben in das rechte Licht zu stellen«.[10] Im Namen von Johann Paul Anselm Ritter von Feuerbach, Ludwig Feuerbachs Vater, und Johann Gottlieb Fichte ruft er die »Jünglinge Teutschlands« zu gründlicher Wissenschaftlichkeit und konsequenter Zeugenschaft für das Wahre auf.

Interessant für das Verhältnis der Studierenden zur Universität, eine Frage, die uns später noch ausführlicher beschäftigen wird, ist, daß sich Herbst auf die Bildung eines Studentenausschusses bezieht, der als eigenständige studentische Vertretung mit eigener Satzung die Interessen der Studenten wahrnehmen soll. Eine in Württemberg geltende Königliche Verordnung vom 2. Juni 1821 hatte immerhin eine »freie Mitwirkung der Studierenden, und namentlich derjenigen aus ihrer Mitte, für welche sich das Zutrauen der Gesamtheit ausspricht«, zugestanden.[11]

Der Inhalt des Briefes mit dem Vorschlag Wissmüllers, den König von Württemberg zu ehren, wird aufgrund dieses Zusammenhangs in seiner politischen Absicht vielleicht verständlicher. Herbst wird später wegen seiner Teilnahme am »Jünglingsbund« zu vier Jahren Gefängnis verurteilt, von denen er zwei Jahre absitzen muß. Bereits 1832 konvertiert er zum Katholizismus, den er dann ebenso kämpferisch vertritt wie das Interesse an studentischen Zusammenschlüssen zehn Jahre zuvor.

Der Brief Feuerbachs an Herbst wurde anläßlich einer polizeilichen Untersuchung bei Johann Valentin Stroebel entdeckt. Grund der Untersuchung war, daß Stroebel Ende September/Anfang Oktober 1822 als Deputierter von Erlangen an einem Burschentag in Bensheim teilgenommen hatte. Stroebel und Feuerbach kannten sich bereits von ihrer gemeinsamen Gymnasialzeit in Ansbach. Das Protokoll des Verhörs von Stroebel über den Brief Feuerbachs ist erhalten.[12]

Die aufgrund der Karlsbader Beschlüsse gebildete oberste Untersuchungskommission in Mainz sollte alle Maßnahmen gegen die sogenannten Demagogen auf dem Gebiet des Deutschen Bundes zentral leiten; sie konnte Verhaftungen erwirken und sollte auch gerichtliche Aufgaben übernehmen. Die umfangreichen und akribisch geführten Akten der Central-Untersuchungs-Commission belegen, daß alle Informationen, die in den Vernehmungsprotokollen der

Polizei enthalten sind, jeweils den Regierungen zugestellt wurden, die mit den in den Protokollen genannten Personen zu tun hatten, z. B. aufgrund des Geburtsortes, des Studienortes, der Berufstätigkeit oder auch von Reisen.

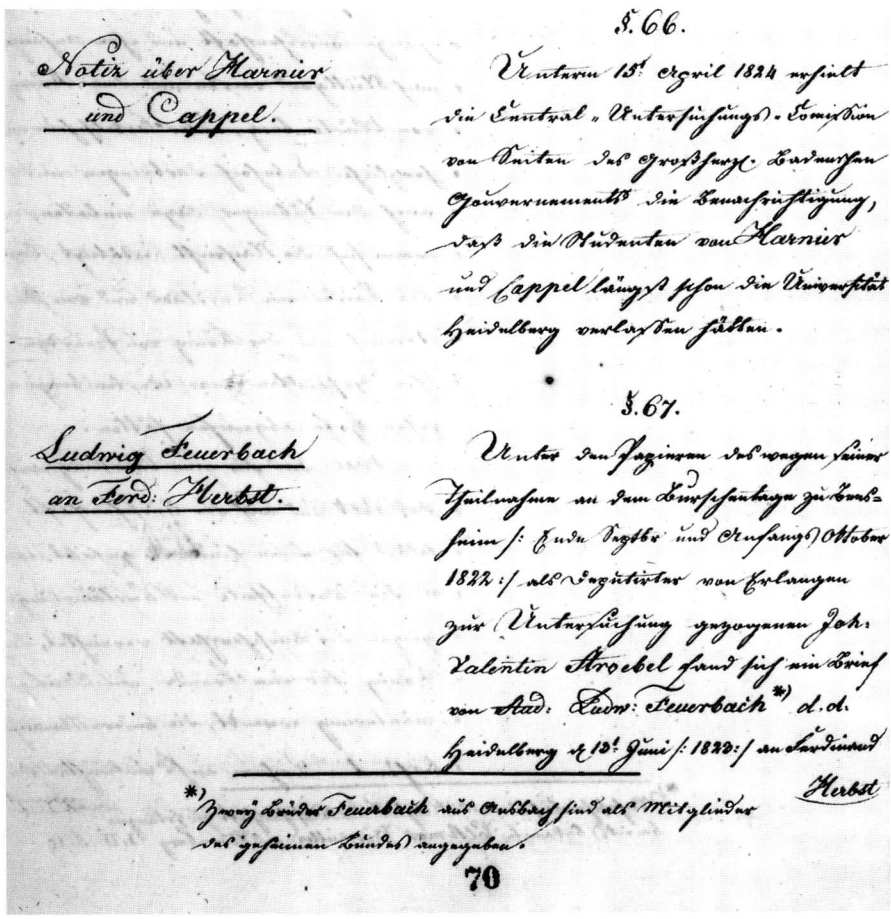

Abb. 1. *Aus dem Protokollbuch der Central-Untersuchungs-Commission. Mainz 1823/24*

Das Vernehmungsprotokoll Stroebel geht deshalb auch nach Berlin, so daß sich die dortige Universität zunächst weigert, Feuerbach zu immatrikulieren. Er wird in Berlin von der preußischen Geheimpolizei am 22. Juni 1824 verhört, dann noch ein zweites Mal und hat auch direkten Kontakt mit dem als reaktionär geltenden, gefürchteten Staatsrat von Kamptz, der zu der Zeit Direktor für die Polizei im preußischen Ministerium des Innern war.[13] Feuerbach nennt bei den Verhören Namen von Studenten, mit denen er von Heidelberg aus Reisen unternommen hat: z. B. Dietrich Landfermann aus Soest, Adolph von Sprewitz aus Mecklenburg, Volkmar Karl Wissmüller aus Nürnberg, Johann Valentin Stroebel aus dem bayerischen Mainkreis, Ferdinand Herbst aus dem Altenburgischen. Im Brief selber taucht neben Landfermann auch der Name Kahl auf. Friedrich Kahl ist Gehilfe des Buchhändlers Winter in Heidelberg. Winter selbst, damals schon Mitglied der Zweiten Badischen Kammer, wird in die Untersuchungen einbezogen, weil Landfermann bei ihm familiär verkehrt habe; Winter soll auch Wechsel für Landfermann eingelöst haben, vermutlich zur Finanzierung von Reisen der Mitglieder des »Bundes«.[14] Sein Sohn Jonathan wird ebenfalls verfolgt; er ist Mitglied des »Politischen Klubb's« in Heidelberg. Winter wird uns als Heidelberger Bürgermeister und konsequenter Demokrat in der Revolutionszeit wiederbegegnen.

Feuerbach selber bestreitet bei den Verhören natürlich, dem »Geheimen Bund« anzugehören – mit Erfolg, was die kommende Verfolgung der Mitglieder durch die Polizei angeht, ohne Erfolg, was seine eigene berufliche Laufbahn betrifft. Seit dieser Zeit wird er durch die Polizeibehörden mißtrauisch beobachtet, in Berlin und Erlangen, in Frankfurt und Heidelberg. Der Verdacht, daß er umstürzlerischen Vereinigungen angehöre oder sie unterstütze, bleibt an ihm haften.

Die genannten Studenten, Freunde und Reisebegleiter Feuerbachs – von Sprewitz, Landfermann, Herbst, Kahl –, dazu Arnold Ruge und die beiden älteren Brüder Ludwigs, Karl und Anselm Feuerbach, werden eingehend verhört. Das ist keine jugendlich-politische Schwärmerei mehr! Arnold Ruge, der den »Jünglingsbund« in Halle engagiert vertritt, wird zu 15 Jahren Festungshaft verurteilt, von denen er sechs Jahre verbüßt. Karl Feuerbach wird eingekerkert, zeitweise auch Anselm und Eduard Feuerbach.[15] Bereits im Vernehmungsprotokoll von Stroebel ist bei Ludwig Feuerbach angemerkt: »Zwei Brüder Feuerbach aus Ansbach sind als Mitglieder des Geheimen Bundes angegeben« – ihre Namen sind bei Vernehmungen also bereits genannt worden![16]

Adolph von Sprewitz scheint als einer der ersten gestanden und Namen genannt zu haben, die dann zu weiteren Verhören und Verhaftungen führen sollten. Er teilt am 9. März und dann bei den folgenden Verhören der Polizei, »ex carcere« vorgeführt, mit, daß auf einer Versammlung des Geheimen Bundes am 12. Oktober 1822 in Würzburg Landfermann aufgenommen worden sei, nennt »v. Feuerbach, Dr. philos. in Ansbach«, auch Kahl und Ruge.[17] Es stellt sich heraus, daß sich Landfermann, von Sprewitz und Ruge im Herbst 1823 in Heidelberg getroffen haben; Ruge wird von der Stadtdirektion Heidelberg auf Betreiben der preußischen Polizei zusammen mit mehreren Studenten festgenommen und nach Berlin ausgeliefert. Der Akademische

Senat der Universität Heidelberg wird gelobt; er habe bei der Arretierung »guten Willen an den Tag gelegt«.[18] Landfermann wird am 22. März 1824 vernommen. Karl Feuerbach am 31. März und am 23. Juni. Die säuberlich geschriebenen, ausführlichen Protokolle liegen vor. Eine Liste des Geheimrats Pfister vom 31. Dezember 1824 führt Karl und Anselm Feuerbach als Mitglieder des Geheimen Bundes.[19] Karl und Herbst seien im Frühjahr 1821 durch von Sprewitz aufgenommen worden. Die Verhöre der »Central-Untersuchungs-Commission« erstrecken sich bis ins Jahr 1826. Der Name Ludwig Feuerbach bleibt im weiteren ungenannt.

Vermutlich hat er dem Geheimen Bund ebenfalls angehört. Wenn die meisten seiner Freunde und Reisegefährten der Heidelberger Zeit, wie auch seine Brüder Karl und Anselm, Mitglieder des Bundes gewesen sind, wie sie in den Verhören zugeben, liegt diese Vermutung nahe. Es gibt eigentlich keinen vernünftigen Grund anzunehmen, er sei *nicht* Mitglied gewesen, selbst wenn man seine in den Jahren um 1848 sichtbare Unentschiedenheit in politischen Angelegenheiten als Merkmal seiner Person auch für diese Zeit unterstellt. Daß die erhaltenen Briefe jener Zeit eine andere, idyllische und harmlose, Sprache sprechen, verwundert nicht weiter, wenn man an die Genauigkeit und Schärfe der geheimpolizeilichen Untersuchungsmethoden denkt.

In Erlangen versichert er jedenfalls bei seiner Immatrikulation am 15. Mai 1827, daß er sich weder in einer geheimen Verbindung befinde, noch in eine solche eintreten werde.[20]

2 | Ein Philosoph zwischen Katheder und freier Schriftstellerei

Die Frage, ob er die Laufbahn eines Universitätsprofessors, eines ordentlichen natürlich und bezahlten, oder den Weg eines freien, kritischen und schlecht bezahlten Schriftstellers einschlagen solle, die Wahl zwischen beamtet-öffentlicher also oder privatisierend-öffentlicher Tätigkeit stellt sich für Feuerbach überraschend bald, eine sein Leben bis hin zu den un- und antiakademischen Heidelberger Vorlesungen substantiell berührende Frage.

Nach fünf Jahren mit der Promotion abgeschlossenen Studiums in Heidelberg, Berlin und Erlangen fängt er 1829 als Privatdozent an der Universität Erlangen an zu lesen: Geschichte der neueren Philosophie, Logik und Metaphysik.[21] Gegenüber Regierung und Universität muß er, wie allgemein üblich, zu Protokoll geben, daß er keine Lehren vortragen oder verbreiten werde, welche gegen Staat, Religion oder die guten Sitten anstoßen oder denselben nachteilig sein könnten.

Angelegt ist eindeutig eine Universitätskarriere und ebenso eindeutig ein gegenläufiges politisches Interesse und philosophisches Denken und Schreiben. Letzteres kommt in den 1830 anonym erschienenen »Gedanken über Tod und Unsterblichkeit« zum Ausdruck: Der christliche Unsterblichkeitsglaube sei praktischer und theoretischer Egoismus, der Pantheismus die einzig wahrhafte menschliche Haltung zur Welt, im Hier und Jetzt habe man deshalb zu leben, im Endlichen das Unendliche zu entdecken und sich den Menschen und der Welt in Liebe zuzuwenden[22] – ein scharfer Angriff auf theologische, vor allem pietistische Grundpositionen, der, wie Vater und Freunde sofort prophezeien, eine Anstellung als Professor verhindern wird.

Mehrere Versuche in den Jahren 1832 und 1833 werden dann auch von der Philosophischen Fakultät in Erlangen abgelehnt, trotz umfangreicher und politisch unverdächtiger philosophiegeschichtlicher Veröffentlichungen, die Feuerbach bekannt machen und breite Anerkennung von seiten der sich an Hegel orientierenden Philosophiehistoriker einbringen. 1836 unternimmt Feuerbach noch einen letzten Versuch, durch ein Schreiben an den König, Ludwig I. von Bayern, das Blatt zu wenden, vergeblich; die Fakultät lehnt ab, jetzt erstmals offen mit dem Hinweis auf die »Todesgedanken«.

Die Liste der Ablehnungen wird immer noch länger werden: Die Hoffnung auf eine Stelle an der Universität Berlin zerschlägt sich 1835, ebenso die Absicht, an die Universität Bonn zu gehen, samt euphorisch gestimmten Überlegungen hinsichtlich einer Wahl zwischen Berlin, Bonn, Marburg und sogar Bern. Danach setzt er Hoffnungen auf die Universität Freiburg 1840, die Universität Heidelberg zum ersten Mal 1842, die Universität Breslau 1848, die Universität Heidelberg 1848, die Universität Jena Anfang 1849.

Kaum vorstellbar, welches Ausmaß an Enttäuschungen Feuerbach in diesen Jahren aushalten muß, sich häufende Abweisungen trotz zunehmendem Grad an Bekanntheit, deren Höhepunkt durch das Erscheinen des »Wesens des Christentums« 1841 markiert wird. Feuerbach teilt das Schicksal vieler kritischer Geister dieser Zeit wie Bruno Bauer, Arnold Ruge und bezeichnet so mit ihnen die Kluft zwischen sich politisch an die Öffentlichkeit wendendem, von Institutionen unabhängigem und kritischem Denken einerseits und von staatlicher Zensur und enger Universitätskontrolle geprägter Fakultätsphilosophie andererseits.

Das Jahr 1848, nachdem Feuerbach seine philosophischen Grundideen veröffentlicht hatte, zeigt seine letzten Versuche, in sich umwälzender Zeit eine gesicherte Position zu erlangen, institutionelle Anerkennung und Absicherung zu gewinnen.

An einer freien, reformierten Universität möchte er wirken. Er nehme »keine Berufung im Sinne der alten Universitäten an«, schreibt Feuerbach 1848. In der Hoffnung auf einen Ruf und um im Falle eines Falles doch zusagen zu können, macht er kompromißlerisch einen Unterschied zwischen Wesen und Wirklichkeit: »Freilich sind mit der Freiheit die alten Universitäten dem Wesen nach schon gestürzt, und eine Universität, die zuerst den Mut hat, mich zu rufen, verdient mich, verdient das freudigste Entgegenkommen.« Und mit einem Anflug berechtigter Skepsis weiter: »Doch wollen wir sehen, was die Zukunft bringt.«[23] Sie sollte jedenfalls keine Berufung bringen, sondern enttäuschten Rückzug ins Private.

3 | Einer, der in Gedanken schon in Heidelberg ist und selig in diesem Gedanken, auch an Johanna Kapp

Feuerbachs Beziehung zu Heidelberg ist nach dem Scheitern seiner Erlanger Universitätspläne immer zugleich auch eine Beziehung zur Familie Kapp. Den sechs Jahre älteren Christian Kapp und seine Familie kennt er aus Erlangen.

Kapp war bereits 1824 ordentlicher Professor in Erlangen, zieht dann 1833 mit seiner Familie nach Heidelberg, weil er es in Bayern nicht mehr aushält, lehrt dort ab 1839 und wird 1840 zum ordentlichen Professor der Universität Heidelberg ernannt. Feuerbach ist mit ihm verbunden durch das gemeinsame Interesse an der Philosophie Hegels, den Kapp wie er in Berlin gehört hatte.

Der Briefwechsel zwischen Feuerbach und Kapp reicht von 1832 bis 1846, dem Jahr, in dem Feuerbachs Beziehung zu Johanna Kapp zu einem Eklat führen sollte. Die Briefe Feuerbachs geben Aufschluß über seine philosophischen Interessen und sind geprägt durch freundschaftliche Verbundenheit bei gleichzeitiger Skepsis und Distanz dem wohl reichlich exzentrisch-wirren und sprunghaften Kapp gegenüber.

Kapp ist wohlhabend, wohnt zuerst in der Hauptstraße (im Gebäude des heutigen Kurpfälzischen Museums), dann auf der Neuenheimer Neckarseite in einem großzügigen Anwesen, dem ehemaligen Gasthaus »Waldhorn« (Neuenheimer Landstraße 18).[24] Feuerbach dagegen ist arm, die Familie lebt mehr schlecht als recht, von sinkenden Einkünften aus der Porzellanmanufaktur, die der Frau Feuerbachs zum Teil gehört, einer kleinen Rente und den geringen Einkünften aus der Schriftstellerei.

Bertha Löw und Feuerbach kennen sich seit 1834, er schreibt ihr rührende Briefe: »Deine Jahre werden nie die Kraft meiner Liebe mindern, auch Du wirst mir in jedem Gewande des Leibes noch wert und teuer sein. Ich vermisse nichts weiter an Dir, als daß Du nicht mein Weib bist. Nur dieser Mangel kümmert mich« (17. Februar 1835).[25] Kurz darauf, nämlich am 17. März 1835, wird

Abb. 2. Erich Correns, Ludwig Feuerbach. 1845

Abb. 3. Anselm Feuerbach, Christian Kapp. 1848

Feuerbach Vater, aber nicht von Bertha, sondern von Anna Eleonore Boß, die ihm einen – immerhin von Feuerbach legitimierten – unehelichen Sohn namens Johann Karl Ludwig gebiert; einen Menschen, der sozusagen durch Hans-Martin Sass in jüngster Zeit feuerbachbiographisch wiedergeboren wurde.[26] Anna zu heiraten, verbieten schon gesellschaftliche Gründe; sie ist nicht standesgemäß.

Abb. 4. Haus der Familie Kapp (jetzt Neuenheimer Landstraße 18)

Berta Löw wird jedoch geheiratet – 1837 geschieht das –, und man zieht gemeinsam ins Bruckberger Schloß bei Ansbach. (Die Überlieferung von Schriftstücken wie Briefen und Akten ist gnadenlos, ganz Verschiedenes kommt zusammen, was eigentlich hätte auseinander bleiben sollen.) Ob seine Frau von der Beziehung zu Anna gewußt hat? Kaum. Dafür sollte Feuerbachs Beziehung zu der 16jährigen Johanna Kapp zu einer lebenslang andauernden Entfremdung zwischen ihm und seiner Frau führen.

Der Umzug nach Bruckberg jedenfalls kennzeichnet zugleich Feuerbachs ersten Rückzug von der unmittelbaren Teilnahme am akademischen Leben; er schreibt jetzt philosophische Texte und Briefe, vor allem an Christian Kapp in Heidelberg. Feuerbach besucht die Familie Kapp fast jedes Jahr, Kapp hält sich häufig in Bruckberg auf, oder man trifft sich an einem dritten Ort. Die allmählich erwachsen werdende Tochter ist oft dabei.

Abb. 5. Johanna Kapp

Feuerbach arbeitet in diesen Jahren ungeheuer intensiv und zielgerichtet, wird als Hegelianer und Hegelkritiker anerkannt; es zeichnen sich markante Jahre ab: das Jahr 1841 durch die Veröffentlichung des »Wesens des Christentums«, 1843 durch programmatische Schriften zur Philosophie der Zukunft und 1848 durch die Heidelberger Vorlesungen, die, obwohl das Jahr 1848 Höhepunkt in politischer Hinsicht – Frankfurter Paulskirche und Heidelberger Rathaus – ist, bereits irgendwie Rückgriff ohne die große Aufmerksamkeit sind, die das Hauptwerk erregt hat. Rückgriff sind sie auch tatsächlich, denn die Vorlesungen entstehen aus einem gleichnamigen Aufsatz des Jahres 1846.

Feuerbach steht also auf einem Höhepunkt seines Schaffens mit vierzig Jahren und daneben dann diese junge Frau, intelligent und schön. Während des Sommers 1841, in dem sich Feuerbach längere Zeit in Heidelberg aufhält, muß es passiert sein. »Alles Menschliche vereine der Philosoph in sich – Nichts schließe er von sich aus. Auch dem Schmerze der Liebe gebe er seine Rechte«, schreibt er 1840 prophetisch.[27] Die »Zeche« mußten alle Beteiligten zahlen, Johanna vor allem, aber auch Feuerbach und seine Frau.

Kapp versucht, seinen Einfluß geltend zu machen, damit Feuerbach nach Freiburg berufen werde, fährt sogar deswegen zum Ministerium nach Karlsruhe.[28] Man überlegt, ob nicht eine Professur im naturwissenschaftlichen Bereich besser sei, weil dadurch die politischen Vorbehalte wegfielen. Aber nichts gelingt, und Feuerbach gerät in Konflikt mit Kapp, weil er das Erscheinen des »Wesens des Christentums« aus politischer Rücksicht auf die Freiburger Angelegenheit verzögert habe. Immer wieder taucht Johanna in den Briefen auf. Kapp will seinem Freund sogar seine eigene (unbezahlte) Professur zur Verfügung stellen, aber dieser will davon nichts wissen. »Ich habe das vorige Jahr verloren, ich habe das Werk verhunzt, welches das bedeutendste, das erfolgreichste und zugleich nützlichste Werk für mich hätte werden können! Ich kann nicht an Baden denken, ohne daß Ingrimm, gerechter Ingrimm meine Seele in Aufruhr bringt.«[29]

Feuerbach schickt Johanna eine Tasse mit Landschaftsbild zum »jugendlichen Hoffen und Träumen«, schreibt ihr unter Umgehung der Familie sogar »einige Sentiments« und bekommt Ärger.

1845 kommt es dann endlich zur Aussprache; Feuerbach entscheidet sich für seine Frau, obwohl er, wie er schreibt, Johanna geliebt habe und liebe; aber sie sei jung, er alt, sie frei, er gebunden, und es sei sein fester Wille, sich niemals von Frau und Kind zu trennen.[30]

Johanna, umworben von berühmt gewordenen Männern wie Hoffmann von Fallersleben und Gottfried Keller, läßt sich nicht mehr ein, verspinnt sich, wird unglücklich.[31] Sie teilt das Schicksal ihres Bruders Paul und wird als erwachsene Frau in eine Anstalt für Geisteskranke eingeliefert; ihr Grabstein steht auf dem Neuenheimer Friedhof in der Quinckestraße.[32]

Das Haus Kapps ist berühmt durch republikanische Gesprächsrunden. Bei Kapps verkehrt nicht nur Feuerbach, auch Welcker, Auerbach, Hettner und Moleschott, der Maler Bernhard Fries und der Staatswissenschaftler Oppenheim, den die Universität später, als die Zeit der Revanche kommt, aus politischen Gründen entläßt.[33] Kapp versucht nicht nur mehrmals, Feuerbach

Abb. 6. Grabstein Johanna und Max Kapp
(Neuenheimer Friedhof)

an die Universität Heidelberg zu holen, sondern auch David Friedrich Strauß und Bruno Bauer, Außenseiter allesamt; und deshalb sind die Versuche auch vergebens.[34]

Kapp ist wohl Mittelpunkt der Runde. 1848 ist er Abgeordneter der Frankfurter Nationalversammlung bis zur demonstrativen Niederlegung des Mandats nach der umstrittenen Wahl eines Reichsverwesers. Ab 1846 ist er

Mitglied der Zweiten Badischen Kammer bis zur demonstrativen Aufgabe auch dieses Sitzes im Jahr 1849.[35]

Seinen Garten bepflanzt er mit damals seltenen, ausländischen Koniferen, die heute noch stehen und von dendrologischem Interesse sind.

Zwischen Universität und Rathaus

4 | Eine Professur wird geschaffen, staatstragend

Und nun zum zweiten Faden, einem, der ganz woanders beginnt und trotzdem, gleichsam aus dem Gegenteil heraus, auf Feuerbach zuzuführen scheint. Auch hier gilt wieder: Eigentlich sind die Grundelemente von Anfang an da. Es soll nämlich eine Professur geschaffen werden, die theologische und philosophische Fragen miteinander vermittelt – und zwar staatstragend.

Die Theologische Fakultät wird tätig, nachdem der Kurator der Universität, Josef Alexander von Dahmen, am 15. Januar 1848 an das Akademische Direktorium herangetreten ist, dieses dann bereits am 17. Januar an die Fakultät.[36] Es geht um die Wiederbesetzung der Stelle, die durch den Tod des Kirchenrats Lewald frei geworden ist, bzw. um die Verwendung der frei gewordenen Mittel. Die Fakultät beantragt am 1. Februar eine

> »neue Lehrkraft [. . .] für die vollständige Ausbildung unsrer jungen Theologen von *philosophischer* Seite, namentlich auf den Gebieten der *Religions- und Moral-philosophie,* welche mit der Theologie in so genauer Verbindung steht, daß sie wie Bestandteile derselben angesehen werden können. Für diesen Zweck könnte ein jüngerer, zu gegründeten Hoffnungen berechtigender Mann mit mäßiger Besoldung als Extraordinarius in der theologischen Fakultät angestellt werden«.[37]

Das Akademische Direktorium greift dann auch sofort zu – die Theologen scheinen hochschulpolitisch jedenfalls keine besonders starke Stellung gehabt zu haben – und erstattet am 7. Februar an den Kurator einen Bericht, in dem nicht nur der Grundstein für den späteren Streit zwischen Kurator und Philosophischer Fakultät gelegt wird, sondern auch die politische Intention dieses Berufungsverfahrens hervortritt.

Man finde zwar den Vorschlag der Theologischen Fakultät zweckmäßig, indes sprächen

> »[. . .] erhebliche Gründe dafür, diesen Vorschlag zu erweitern und den Wunsch auszudrücken, daß nicht bloß für Theologen, sondern zum Nutzen aller Fakultäten ein gediegener Philosoph gewonnen werden möge, der die praktische Seite der Philosophie, Ethik und Rechtslehre, mit Geist und Wärme vortrüge und den trostlosen Irrlehren der neueren Pantheisten oder Materialisten gegen-über die Jugend mit Ideen begeisterte. Es läßt sich freilich nicht voraussagen,

welchen Erfolg ein solcher Lehrer der Philosophie hier hervorbringen könne und wie weit es ihm gelingen werde, unsere Studierenden von der Verzweiflung an allen Idealen zurückzuführen, aber es ist des Versuchs wert. Die beklagte Stimmung ist freilich nicht allgemein, sie ist namentlich denen fremd, die sich mit Bier und Duellen und dergleichen beschäftigen, ebenso denen, die sich ganz in ein sogenanntes Brotstudium versenken, aber sie ist unter den besseren und strebenden Köpfen verbreitet und nagt daher gerade an den edelsten Kräften. «[38]

Die Universität sucht also einen Professor der Philosophie, der die intelligenten und deshalb politisch anfälligen Studierenden moralisch aufrichten sowie staatstragende Ideale gegen Pantheismus – seit langem ein Ketzerwort mit Konsequenzen – und Materialismus vertreten sollte. Für Feuerbach folglich gerade die richtige Stelle, just the opposite!

Der mächtige Kurator teilt dann dem Ministerium des Innern am 10. Februar mit:

»Ich möchte keinen Philosophen, welcher der Theologischen Fakultät zugeteilt wäre, aber ich würde einen Philosophen wählen, dessen Philosophie nicht im Widerstreit mit unsern Theologen beruhte, und würde eine Besoldung von 2000 f für einen solchen, wenn er Ruf als Schriftsteller und anregenden Vortrag hätte, nicht zu teuer finden. «[39]

Der Kurator reduziert damit zunächst den Wunsch der Universitätsleitung nach moralischer Aufrüstung der Studierenden auf die Forderung, die Position des gewünschten Philosophen solle nicht in Konflikt mit der Theologie führen. Das Ministerium des Innern reagiert erst am 7. Juli mit einem Erlaß an den Kurator, schickt die beigefügten Briefe, wohl die des Akademischen Direktoriums, zurück und »erwidert, daß man mit der hierin ausgesprochenen Ansicht wegen Berufung eines Professors der Philosophie... einverstanden sei und deshalb den Vorschlägen der betreffenden Fakultäten sowie den dortigen Gutachten entgegensehe«.[40]

Bereits am 24. Juli teilt der Kurator dem Akademischen Direktorium folgendes mit:

»Es sind von verschiedenen Seiten Wünsche ausgesprochen worden, daß bei Wiederverwendung der erledigt wordenen Besoldungen darauf gesehen werden möge, einen weiteren Lehrer der Philosophie zu gewinnen.

Diese Wünsche waren ihrem Ursprung nach teils mehr auf besondere Fächer als z. B. Religions- und Moralphilosophie, Ethik und Rechtsphilosophie, teils im allgemeinen auf einen solchen Gelehrten gerichtet, der zum Nutzen aller Fakultäten wirken, das weitere Gebiet der Philosophie umfassen und durch Gediegenheit und Wärme des Vortrags eine lebhaftere Teilnahme erregen würde.

Das Großherzogliche Ministerium hat sich der letzteren Ansicht angeschlossen und ist geneigt, einen Philosophen ex professo zu berufen, zu welchem

Ende ich angewiesen bin, die namentlichen Vorschläge der betreffenden Fakultäten zu erheben und gutachtlich einzubegleiten.

Ich lade darum das Akademische Direktorium ein, die sämtlichen Fakultäten darüber zum Gutachten aufzufordern und auch im Akademischen Senate den Gegenstand zur Sprache zu bringen, damit diesem allgemeinen Interesse auch die allgemeinste Teilnahme zugewendet werde.«[41]

Am 28. Juli fordert das Akademische Direktorium endlich die Philosophische Fakultät auf, ihre »deshalbigen Vorschläge baldtunlichst hierher übergeben zu wollen«.[42]

Um zusammenzufassen: Der Kurator hat nach wohl mündlich erfolgter Abstimmung mit dem Ministerium die Anliegen der Theologischen Fakultät abgelehnt und sich der Auffassung des Akademischen Direktoriums angeschlossen, man solle einen »allgemein wirkenden Philosophen« berufen, für den dann auch von allen Fakultäten Personalvorschläge gemacht werden sollten.

Alles klingt ganz ruhig und verwaltungspraktisch üblich, aber das war es wirklich nicht; »draußen« brodelte es in politischer Hinsicht nicht nur, sondern es kochte: Am 17. Juli 1848 waren 364 Studenten, weit mehr als die Hälfte der damals Immatrikulierten, aus Protest gegen das Verbot des von ihnen gegründeten Demokratischen Vereins nach Neustadt an der Haardt ausgezogen. Am 8. August, ganze 10 Tage nach der Bitte an die Fakultät, Personalvorschläge »baldtunlichst« vorzulegen, kann man im »Heidelberger Journal« lesen, eine Studentenversammlung mit ebenden Studierenden, die den Demokratischen Verein gegründet hatten, habe beschlossen, die Regierung aufzufordern, Ludwig Feuerbach nach Heidelberg zu berufen. Wir gehen noch einmal zum Zeitpunkt der Gründung des Vereins zurück, um den studentischen Anteil an der Entwicklung deutlich machen zu können.

5 | Ein Verein wird gegründet

Was jetzt folgt, ist die studentische Seite der Angelegenheit, die Seite zugleich, von welcher der Druck ausgeht, der in Bewegung setzt. An späterer Stelle, wenn es um die Vergabe der Aula der Universität für studentische Angelegenheiten bzw. für Feuerbachs Vorlesungen geht, werden wir sehen, daß der Zusammenschluß von Studenten zur »Studentenschaft«, noch mehr zu Vereinen mit politischer Zielsetzung, die Tradition der Universität als einer Gemeinschaft der Akademiker empfindlich stört.

Vereine übernehmen in der Zeit eine ungemein wichtige Funktion für die politische Artikulation der Bürger, und dies gilt nicht nur für den Heidelberger Arbeiterverein und die Demokratischen Vereine. Auch der Turnverein dient dem politischen Ziel der Demokratisierung. So taucht der Name Feuerbachs bereits im Zusammenhang mit dem Heidelberger Turnfest am 13. Juni 1847 auf. Der Kurator von Dahmen berichtet dem Ministerium im Zusammenhang mit der Immatrikulation von Karl Blind, einem der politisch engagiertesten Studenten dieser Jahre und Verfasser eines Liedes für dieses Turnfest, daß in Heidelberg »dreitägige Orgien von etwa 6–800 Turnern« stattgefunden hätten, und beklagt, daß Studierende daran teilgenommen hätten:

> »Wer die Lieder gelesen hat, welche vor Tausenden von Zuhörern und Freunden aller Nationen gesungen worden sind, wer weiß, daß wohl hundert und mehr Studenten Teil an dem Skandal genommen haben, der wird mir nicht bestreiten wollen, daß in demselben Augenblick, wo in den Nachbarländern diese Turngemeinden unterdrückt werden, eine solche Feier in Heidelberg eine Katastrophe für die Universität herbeiführen muß.«

> Die studentischen Teilnehmer seien, so von Dahmen, meist aus Baden und kämen »schon von unsern Mittelschulen als fertige Atheisten, Kommunisten, Feuerbachianer hierher, und daß man dieses sogar gerne sieht, geht schon daraus hervor, daß *achtjährige* Schulknaben in Menge in den Reihen dieser politischen Schwärmer umhergegangen sind«.[43]

Atheisten, Kommunisten, Feuerbachianer – der Name Feuerbach ist also für das Kommende bereits bestens eingeführt!

Am 7. Juli 1848 macht sich ein Demokratischer Studentenverein durch Anschlag am Schwarzen Brett der Universität bemerkbar.[44] (Dieser Anschlag wird übrigens vom Universitätsamtmann von Hillern unter dem Protest der Studenten entfernt und nach Karlsruhe geschickt, wo er heute noch liegt – samt Klebespuren auf der Rückseite!) Dort heißt es:

> »Kommilitonen!

> Das Vaterland ist in Gefahr, und die Freiheit, deren Morgenröte kaum erschienen ist, wird von vielen Seiten bedroht! Zwar könnte es scheinen, es hätten sich die Wogen der Zeit etwas gelegt, als wären die größten Gefahren vorüber, aber für den tiefer Blickenden ist diese Ruhe nur die Schwüle vorm Gewitter! Wahrlich, Deutschland wie ganz Europa geht einem Sturm entgegen, einer Erschütterung, wie noch keine die Weltgeschichte je erlebt hat. Die bisherige Ordnung in den politischen wie sozialen Verhältnissen stürzt zusammen; die Geschichte gebiert eine neue Epoche, und die Wehen sind furchtbar. – Einmal stehn sich die verschiedenen Nationalitäten feindlich gegenüber; schon lodert der Kampf im Norden und Süden, und ein noch furchtbarerer Krieg steht uns bevor, der Krieg des Westens gegen den Osten, der Zivilisation gegen Barbarei; über Nacht kann er ausbrechen. Wir könnten diesem Kampfe mutig und freudig entgegensehn,

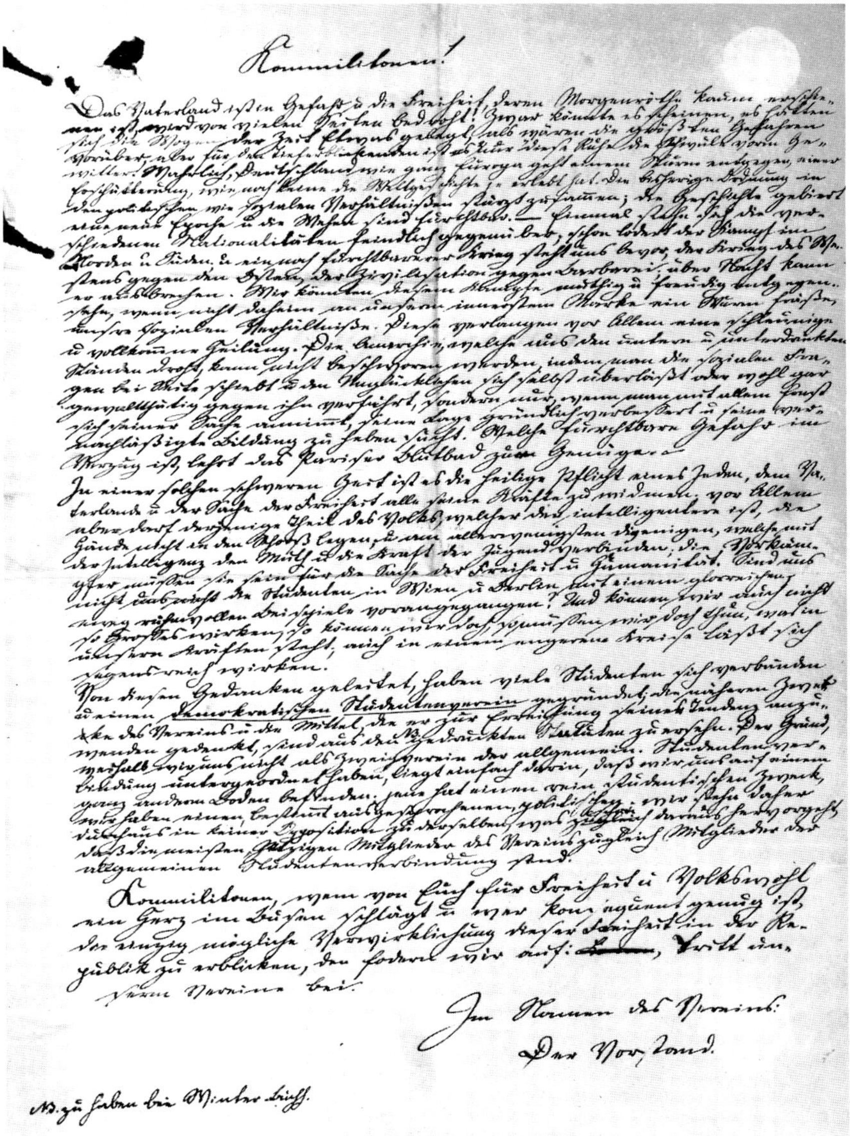

Abb. 7. Anschlag des Demokratischen Studentenvereins Heidelberg. 7. Juli 1848

wenn nicht daheim an unserm innersten Marke ein Wurm fräße, unsere sozialen Verhältnisse. Diese verlangen vor allem eine schleunige und vollkommne Heilung. Die Anarchie, welche aus den untern und unterdrückten Ständen droht, kann nicht beschworen werden, indem man die sozialen Fragen beiseite schiebt und den Unglücklichen sich selbst überläßt oder wohl gar gewalttätig gegen ihn verfährt, sondern nur, wenn man mit allem Ernst sich seiner Sache annimmt, seine Lage gründlich verbessert und seine vernachlässigte Bildung zu heben versucht. Welche furchtbare Gefahr im Verzug ist, lehrt das Pariser Blutbad zur Genüge.

In einer solchen schweren Zeit ist es die heilige Pflicht eines jeden, dem Vaterlande und der Sache der Freiheit alle seine Kräfte zu widmen; vor allem aber darf derjenige Teil des Volks, welcher der intelligentere ist, die Hände nicht in den Schoß legen; und am allerwenigsten diejenigen, welche mit der Intelligenz den Mut und die Kraft der Jugend verbinden. Die Vorkämpfer müssen sie sein für die Sache der Freiheit und Humanität. Sind uns nicht die Studenten in Wien und Berlin mit einem glorreichen, ewig ruhmvollen Beispiele vorangegangen? Und können wir auch nicht so Großes wirken, so können wir doch, so müssen wir doch tun, was in unsern Kräften steht; auch in einem engeren Kreise läßt sich segensreich wirken.

Von diesem Gedanken geleitet, haben viele Studenten sich verbunden und einen *Demokratischen Studentenverein* gegründet; die näheren Zwecke des Vereins und die Mittel, die er zur Erreichung seiner Tendenz anzuwenden gedenkt, sind aus den [NB.] gedruckten Statuten zu ersehen. Der Grund, weshalb wir uns nicht als Zweigverein der allgemeinen Studentenverbindung untergeordnet haben, liegt einfach darin, daß wir uns auf einem ganz andern Boden befinden; jene hat einen rein studentischen Zweck, wir haben einen bestimmt ausgesprochenen politischen; wir stehn daher durchaus in keiner Opposition zu derselben, was schon daraus hervorgeht, daß die meisten jetzigen Mitglieder des Vereins zugleich Mitglieder der allgemeinen Studentenverbindung sind.

Kommilitonen, wem von Euch für Freiheit und Volkswohl ein Herz im Busen schlägt und wer konsequent genug ist, die einzig mögliche Verwirklichung dieser Freiheit in der Republik zu erblicken, den fodern wir auf: Tritt unserm Vereine bei.

Im Namen des Vereins:
Der Vorstand

NB. zu haben bei Winter, Buchhändler«[45]

Der Tonfall ist dramatisch, die Studenten nehmen – als der nach ihrem Selbstverständnis intelligentere und jugendliche Teil des Volkes – die Rolle von Vorkämpfern für gesellschaftliche Veränderungen für sich in Anspruch; auch dies hört sich für uns vertraut an.

Mitglieder des Demokratischen Studentenvereins, der aus einem Allgemeinen Studentenverein hervorgegangen ist, sind Adolph Hirsch, Eduard Haas, Alexander Spengler, Hermann Joel, Valentin May – die gleichen Namen

34

tauchen auf in Verbindung mit dem Heidelberger Arbeiterverein; aus diesem Kreis wird Feuerbach dem Ministerium zur Berufung vorgeschlagen und später auch unmittelbar »berufen«, dieselben beantragen die Aula und wohl auch den Rathaussaal.

Es liegt nahe, daß die republikanisch gesinnten radikalen Studenten in ihrer Auseinandersetzung mit Universität und Regierung nach einem politisch wirksamen Philosophen Ausschau halten, der, wie Feuerbach, breite öffentliche Aufmerksamkeit, auch in Form scharfer Ablehnung durch theologisch und politisch konservative Kreise, gewonnen hat und sich gleichzeitig dadurch auszeichnet, daß er außerhalb des angegriffenen Universitäts-»Establishments« steht.

Die Bemerkungen, die Gottfried Keller macht, nachdem er Feuerbachs Heidelberger Vorlesungen gehört hat, zeigen, daß sich die Grundgedanken des »Wesens des Christentums« leicht mit politischen Interessen demokratischer Bewegungen vereinen lassen:

> »Wie ich mit dem lieben Gott stehe? Gar nicht! Ludwig Feuerbach und die Konstitutionellen in Frankfurt nebst einigen groben physiologischen Kenntnissen haben mir alle luxuriösen Träume vertrieben. Die rationelle Monarchie ist mir in der Religion so widerlich geworden wie in der Politik.«[46]

Feuerbachs Forderung lautet, das Wesen Gottes als das eigene, das Wesen des Menschen zu erkennen: »Was dem Menschen *Gott* ist, das ist *sein Geist, seine Seele,* und was des *Menschen Geist, seine Seele, sein Herz, das ist sein Gott:* Gott ist das *offenbare* Innere, das ausgesprochene Selbst des Menschen; die Religion ist die feierliche Enthüllung der verborgnen Schätze des Menschen, das Eingeständnis seiner innersten Gedanken . . .«[47] Aufklärung über das Wesen der Religion ist deshalb für Feuerbach zugleich Aufklärung über das Wesen des Menschen mit dem therapeutischen und politisch-praktischen Ziel, daß sich die Menschen ihrem Leben und ihren Mitmenschen auch wirklich zuwenden.

Aber nicht nur die philosophische Position Feuerbachs legt nahe, ihn – zur Stärkung der republikanischen Bewegung – nach Heidelberg zu holen. Es ist auch bekannt, daß Feuerbach in die Vorgänge um die Frankfurter Nationalversammlung einbezogen ist. Bei seinem Aufenthalt in Frankfurt im Sommer 1848 hält er engen Kontakt zu seinem Freund Christian Kapp und dessen Sohn Friedrich, zu Arnold Ruge und anderen, die gewählte Mitglieder des Parlaments sind.

Feuerbach zeigt auch selbst Interesse, zum Mitglied des Parlaments gewählt zu werden. Aber es geht ihm wie David Friedrich Strauß: Er wolle zwar eigentlich nicht, da die unmittelbare Politik seine Sache nicht sei, aber . . . – und wird auch nicht gewählt.

Feuerbach wird jedoch von mehreren Seiten vorgeschlagen: vom Ansbacher Volksausschuß und vom Münchner Bauhof-Club. Verein für Volkswohl.[48]

Der dritte, bisher unbekannte Vorschlag kommt vom Demokratischen Verein in Karlsruhe; er erfolgt in einem Aufruf vom 18. Mai 1848, der sich an die Wahlmänner für das deutsche Parlament richtet. Für uns besonders interessant ist, daß hier außer Feuerbach auch Christian Kapp, Julius Fröbel und der Heidelberger Buchhändler und Bürgermeister Christian Friedrich Winter, »Vater Winter«, benannt werden; wir werden allen wiederbegegnen.[49]

Bereits am 4. April 1848 wird Feuerbach von mehreren Heidelberger Hochschülern in einem pathetischen Zeitungsartikel in der Frankfurter »Didaskalia« aufgefordert, für die Nationalversammlung zu kandidieren, vermutlich verfaßt von denselben Studenten, die Feuerbach einladen, in Heidelberg zu lesen.[50]

Der bayerische Staat – und sicher nicht nur er – hat die politischen Aktivitäten der Demokraten genau verfolgt. In einem Schreiben des bayerischen Staats-Ministeriums des Königlichen Hauses und des Äußern vom 25. Juni 1848 an die Königliche Bundestags-Gesandtschaft in Frankfurt a. M. heißt es:

»Durch die Artikel Nr. 170 und 171 des Correspondenten von und für Deutschland vom 18ten und 19ten Juni, dann in Nr. 172 der allgemeinen Zeitung über die Verhandlungen der Demokraten sind die Absichten der letzteren klar aufgedeckt, so daß es keinem Zweifel mehr unterliegen kann, daß eine Vereinigung zum gewaltsamen Umsturz aller bestehenden Staats-Einrichtungen bereits eingetreten ist und fortan über ganz Deutschland ausgedehnt werden soll.

Dieser Verein muß die Aufmerksamkeit der Bayrischen Regierung umso mehr in Anspruch nehmen, als einerseits die Stadt Bamberg zu einem Kreisorte bestimmt ist, andererseits nach dem im Correspondenten offiziell bekannt gemachten Verzeichnisse der Mitglieder auch mehrere Bürger, nämlich Herr Dr. Diezel aus Nürnberg, Ludw. Feuerbach aus Bruckberg, Heinkelmann aus Bamberg, Julius und Ludwig Knorr aus München, sich dabei beteiligt haben.

Um nun den Umfang der deßfalls zu ergreifenden Maßnahmen und allenfallsiger gegen die nach Bayern etwa zurückkehrenden Mitglieder gesetzlich einzuleitenden Einschreitungen beurteilen zu können, ist es dringend notwendig, eine umfassende, womöglich offizielle Darstellung der Frankfurter Verhandlungen und ein vollständiges Verzeichnis der Teilnehmer mit möglichst verlässiger Angabe des Umfanges der durch Wort und Tat bewiesenen Teilnahme namentlich in Bezug auf die bayrischen Mitglieder zu erhalten.«[51]

Feuerbach wird also in Frankfurt durch Beamte des bayerischen Staates beobachtet; sicher hat er es gewußt, zumindest geahnt.

Seine Einschätzung der Chancen einer politischen Veränderung durch das Frankfurter Parlament ist zwiespältig und eher skeptisch. Seiner Frau Bertha schreibt er am 24. Mai 1848, daß es wohl bald zum Bruch zwischen den »Halben und den Ganzen, den sogenannten Konstitutionellen und den Republikanern« kommen werde. In Baden sei »fast alles für die Republik und selbst noch für Hecker, obgleich alle Vernünftigen über die Unzeitigkeit und

Unbesonnenheit ihres Unternehmens einig sind. So werden die Zeitungen gewiß auch die hiesigen Arbeiterbewegungen sehr übertreiben. Also keine Furcht! Ohnedem ist jetzt, wo so leicht alles auf dem Spiele steht, keine Zeit für Furcht und Sorge. Jetzt gilt und siegt nur – vernünftige (wie sich von selbst versteht) Entschlossenheit. «[52]

Er hält sich in Frankfurt zurück. Trotzdem schätzt er sein öffentliches Gewicht hoch ein: »Es kann allerdings die Zeit kommen, wo ich an die Spitze trete« und: »Der demokratische Geist, d. h. der Geist, welcher die Staatsangelegenheiten nicht zur Sache einer besonderen, bevorrechtigten Kaste oder Klasse von Menschen, sondern zur Sache Aller, zur Volkssache machen will, wird und muß siegen [...]«[53]

Und da diese Zukunft noch weit entfernt ist, wird der Demokratische Verein der Heidelberger Studenten jedenfalls erst einmal verboten, nach aufgeregtem Hin und Her zwischen Kurator, Akademischem Direktorium und Ministerium.

Der Kurator von Dahmen bezieht sich (wie Feuerbach) auf Hecker und beschreibt den Verein als Vorboten der allgemeinen Revolution:

>Ich sehe zwischen den Heckerschen Scharen und diesen Verbindungen keinen andern Unterschied, als daß jene die Waffen schon ergriffen haben und drohend außerhalb der Grenzen stehen, diese aber, und zwar ganz zu demselben Zweck, im Lande werben, um im eintretenden Augenblick mit jenen gemeinsam den Bürgerkrieg zu entzünden und zu nähren.

Es ist nur allzugewiß und der Erfolg wird in ganz kurzer Zeit es traurig bestätigen, daß auf ein aus der südwestlichen Spitze von Deutschland gegebenes Zeichen gleichzeitig überall von Südschwaben den Rhein hinab bis nach Westfalen, durch Thüringen bis nach Schlesien die für die Republik eingeschriebenen Scharen sich in Masse erheben werden, daß vielleicht mit alleiniger Ausnahme von Frankfurt und Karlsruhe alle Bürgerwehr sich auflösen und zum größern Teile sich den plündernden Haufen anschließen wird. Die Erscheinungen des Tages sind feurige Warnungszeichen, wenn aber das bewaffnete Volk aufgerufen wird, so werden ⅔ für Hecker sich erheben und ⅓ zu Hause bleiben, und von diesem Zustande können wir wahrlich nicht sagen, daß wir gerüstet sind. «[54]

Nach dem offiziellen Verbot durch die Regierung fährt eine Deputation nach Karlsruhe und protestiert im Namen »der *gesamte*[n] Heidelberger Studentenschaft«. In einem in Karlsruhe verfaßten Schreiben vom 16. Juli 1848 – das eher einer diplomatischen »Protestnote« gleicht und dem Minister des Innern Bekk übergeben wird – heißt es ultimativ: »Die heute hier anwesende Deputation, bestehend aus Dozenten und Studenten«, sei beauftragt,

>Ew. Exzellenz zu ersuchen, Sie möchten sich geneigtest *bestimmt* erklären, ob Sie jenes Verbot zurückzunehmen gesonnen sind oder nicht. Im letzteren Falle

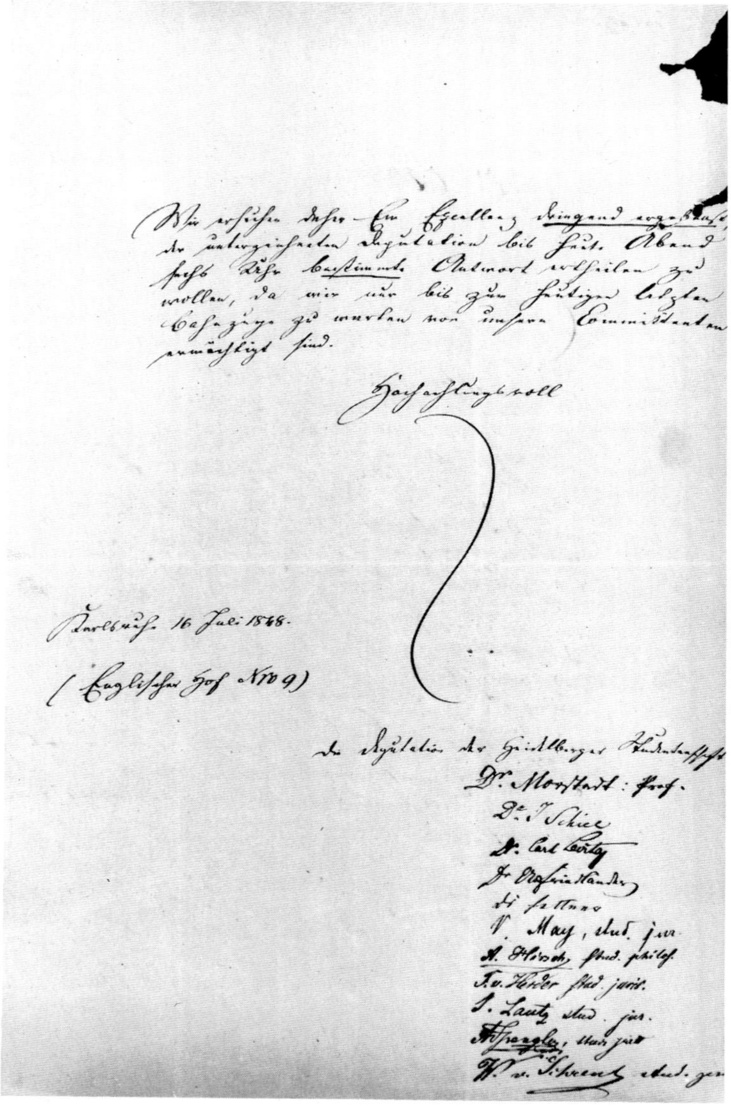

Abb. 8. *Rückseite des Schreibens der Deputierten
an Minister Bekk. 16. Juli 1848*

oder wenn binnen 24 Stunden keine *definitive* Antwort erfolge, hat sie uns ferner beauftragt, Ihnen zu erklären, daß morgen früh die *gesamte* Studentenschaft Heidelberg verläßt und nicht eher zurückkehrt, als bis der rechtliche Zustand wiederhergestellt sei. «[55]

Gedroht wird, noch abends mit der Bahn nach Heidelberg zurückzufahren, weil das Mandat der »Committenten« nur bis zu dem Zeitpunkt reiche. Für uns interessant ist auch die Liste der Unterschriften: Dr. Morstadt, Dr. J. Schiel, Dr. Carl Levita, Dr. Friedländer, Dr. Hettner, V. May, A. Hirsch, F. v. Herder, J. Lautz, A. Spengler, W. v. Schrenk! – fast allesamt alte Bekannte oder Namen, die noch verschiedentlich auftauchen und in der Feuerbach-Affaire eine Rolle spielen werden.

Abb. 9. Carl Ludwig Schubart, Auszug der Studenten von Heidelberg nach Neustadt (am 17. Juli 1848)

Da nichts geschieht und die Studenten sich in ihrem Assoziationsrecht verletzt sehen, ziehen sie nach Neustadt an der Haardt aus. Sie verweisen auf die Existenz anderer Demokratischer Vereine – mit dem Erfolg übrigens, daß postwendend alle verboten werden. Der Auszug der Studenten war ein an vielen Universitäten durchaus übliches Druckmittel, wenn auch eines von sehr zweifelhaftem Gewicht, und entspricht dem Vorlesungsboykott oder studentischen »Streik« unserer Zeit. Auch die Reaktionen des Staates ähneln sich:

Fristsetzung zur (Ein- und) Rückkehr, Drohung, das Semester nicht anzuerkennen und Stipendien zu kassieren, Relegation und Aberkennung der Universitätsbürgerrechte.

Das Ganze hat dann noch ein Nachspiel im »Heidelberger Journal«, in dem die Studenten ihre »Indignation« über das Verbot aussprechen. Die Universität bittet das Ministerium, dieses Mal die Unterzeichner des Artikels (Hirsch, Gravelius, Haas – wie üblich) nicht zu verfolgen, weil man einen neuerlichen Auszug fürchte, der schließlich dem Ruf der Universität schade. Auch der Bürgermeister Winter und der Gemeinderat werden in Karlsruhe vorstellig, um das Verbot des Vereins rückgängig machen zu lassen; vergeblich, trotz des ausführlichen und eindringlichen Schreibens des Gemeinderats, des Engeren und des Großen Bürgerausschusses mit mehr als 50 Unterschriften![56] Die Stadt Heidelberg war zu der Zeit noch von der Anwesenheit der Studenten als Einnahmequelle abhängig, der Fremdenverkehr noch kein ökonomisch gewichtiger Faktor. Interessant ist in jedem Falle die Bereitschaft von Bürgermeister und Gemeinderat, sich für die Studenten einzusetzen. Dem demokratisch gesinnten Winter wird es nicht schwer gefallen sein, in gezielter Opposition zu Universität und Ministerium Feuerbach wenig später den Rathaussaal zur Verfügung zu stellen, dem Mitglied des Bürgerausschusses und Buchhändler Hoffmeister nicht, in seinem Geschäft Listen auszulegen, in die sich dann die an den Vorlesungen Interessierten eintragen können.

Am 13. August, also keinen Monat nach dem eher mißglückten Auszug nach Neustadt, muß bei Feuerbach in Frankfurt wieder von einem Auszug die Rede gewesen sein: Die Studenten, die ihn aufsuchen, um ihm einen förmlichen Ruf der Studentenschaft zu erteilen, haben anscheinend in ihrer Petition an das Ministerium des Innern angedroht, daß sie nur in Heidelberg bleiben würden, wenn Feuerbach dort Philosophie lehre.[57]

6 | Ein Philosoph wird von der Studentenschaft berufen

Was natürlich nicht geht, aber rufen durfte man schließlich! Der inzwischen verbotene Demokratische Studentenverein mit seinem Sprecher Adolph Hirsch – für den damaligen Prorektor und Theologen Richard Rothe ein »Jude aus Halberstadt« und ein Verein, der »sich mit der äußersten Frechheit gebahrte«[58] – hält am 8. August 1848 eine allgemeine Studentenversammlung ab, deren Tagesordnung im »Heidelberger Journal« (Nr. 214) veröffentlicht wird. Dort heißt es als Punkt 2: »Beratung einer Petition an das hohe badische Ministerium um alsbaldige Berufung des ausgezeichneten Philosophen Feuerbach.«

Abb. 10. Bernhard Fries, Adolph Hirsch. 1849

Im Vorfeld dieser Versammlung muß ein Mitglied einer anderen Fakultät als der Philosophischen die Studenten über die Absicht von Universität und Ministerium informiert haben, eine zweite Professur für Philosophie zu schaffen. Als nämlich die Fakultät – wie wir noch sehen werden – unter Druck gerät, weil ihr angesichts der studentischen Aktivitäten in dieser Sache die Frage vorgehalten wird, warum sie nicht schon die »baldtunlichen« Personalvorschläge gemacht habe, verweist sie darauf, daß,

»wie es hier allgemein bekannt ist, ein Mitglied einer anderen Fakultät in einer hiezu berufenen Studentenversammlung die beabsichtigte Berufung eines philosophischen Lehrers zur Sprache gebracht hatte und hiedurch die Aufmerksamkeit der Studierenden auf diesen Gegenstand hingelenkt worden war, so daß neue Wünsche sehr unwillkommner Art sich geltend machen konnten«.[59]

Wenige Tage später, am 13. August 1848, berichtet Feuerbach aus Frankfurt, wo er sich wegen der Sitzungen der Nationalversammlung aufhält:

»Gestern vormittag ... kamen zwei Abgeordnete der Heidelberger Studentenschaft zu mir und überreichten mir ein Schreiben, worin es unter Anderem heißt: ›In einer allgemeinen Versammlung vom 8. August wurde einstimmig von uns beschlossen, an Sie den dringenden Ruf der Einladung ergehen zu lassen, daß Sie, dem Wunsche von uns Allen folgend, den Lehrstuhl der Philosophie an der hiesigen Universität besteigen möchten.‹

Ich habe zu den Studenten gesagt: ›Ja, ich nehme Eueren Ruf an‹; äußerte ihnen aber mein Bedenken in Betreff der badischen Regierung. ›Die Petition‹, erwiderten sie darauf, ›ist bereits an dieselbe abgegangen, ihre Gewährung hat gewiß keinen Anstand, wir und eine Menge anderer Studenten bleiben nur unter der Bedingung in Heidelberg, daß Sie die Philosophie lehren.‹ Wir wollen nun sehen, was die Regierung tut, und ob nicht an den Schikanen der Theologen und an den Bedingungen diese Affaire scheitert. Für einen günstigen Erfolg spricht, daß bei der Heidelberger Universität 3000 Gulden für die Philosophie bereit daliegen, daß es bereits im Werke war, einen Philosophen, aber einen ganz obskuren, den Professor *Erdmann* aus Halle, nach Heidelberg zu berufen, daß dieser nun aber nicht berufen werden kann – denn so kann die Regierung nicht die Studenten vor den Kopf stoßen; für einen ungünstigen Erfolg aber spricht der Obskurantismus der Professoren und Regierung. Indessen, was auch die Regierung tun mag, ich bin gesonnen, wenn nicht besondere Gründe dazwischen treten, den Heidelberger Studenten mein Wort zu halten, und wenn auch nicht in der Rolle eines Dozenten, doch eines Privatmannes, dem keine Schwierigkeiten in den Weg gelegt werden können, ihnen diesen Winter Vorlesungen zu halten. Habe ich auch nur 100 Zuhörer und verlange ein Honorar von einem Louisd'or, so habe ich meine 1000 fl. Durch die Zeitungen wirst du bereits erfahren haben, daß auch die Breslauer Studenten abermals und ernstlich mich verlangen. Mir wäre Breslau viel lieber als Heidelberg, aber die Heidelberger Studenten sind die Ersten, die einen förmlichen Ruf an mich ergehen ließen, sie haben daher das Vorrecht an mich. Hoffentlich entscheidet sich die badische Regierung bald«.[60]

Und an seinen Verleger Otto Wigand:

»Vorgestern [...] war eine Deputation der Heidelberger Studenten bei mir und überbrachte mir in einem schönen Schreiben den förmlichen ›Ruf‹ auf das philosophische Katheder in Heidelberg. Ich nahm ihn an, so weit dessen Annahme natürlich von meinem Willen abhängt; denn ich kann mich ja nicht selbst zum Professor machen, habe auch keine Lust zum Professor, würde mich nur unter Bedingungen, die meinem Geist und Wesen nicht widersprechen, dazu verstehen!«[61]

42

Aus den Akten des Ministeriums des Innern geht hervor, daß die an das Ministerium gerichtete »Bitte von drei Studenten Hirsch, Joel, Spengler um Berufung des Ludwig Feuerbach« am 18. August an den Kurator der Universität weitergegeben und von diesem am 26. August dem Akademischen Direktorium »zugefertigt« wurde.[62]

Am 19. August berichtet bereits eine badische Zeitung über das Berufungsverfahren. Absicht des Artikels ist, das Ministerium unter Druck zu setzen und es dazu zu bewegen, Feuerbach ganz unabhängig von der Meinung der Philosophischen Fakultät zu berufen. Daß Reichlin-Meldegg, der bislang einzige Professor für Philosophie, dagegen sei, verstehe sich von selbst, auch die Theologen seien dagegen wegen des »Wesens des Christentums«. Bevor man Feuerbach nach Königsberg oder gar Berlin berufe, möge das Ministerium schnell zugreifen.[63]

Feuerbach hält sich seit spätestens 5. Oktober in Heidelberg auf. Da sich Ministerium und Universität bis dahin zur Petition der Studentenschaft nicht geäußert haben, werden die Studenten noch einmal aktiv. Feuerbach wird von ihnen am 25. Oktober gebeten, Vorlesungen über Religionsphilosophie zu halten; er sagt unter der Bedingung zu, daß hinreichend zahlende Zuhörer gefunden würden, damit die Aufenthaltskosten gedeckt seien.

Die Studenten wiederholen noch einmal die »Berufung« Feuerbachs, jetzt allerdings ohne Petition an das Ministerium. »Die Republik« (Nr. 175) vom 28. Oktober berichtet über eine Studentenversammlung vom 26. Oktober unter der Überschrift »Vereinigte Staaten von Deutschland«:

»Gestern wurde dahier in einer abgehaltenen Studentenversammlung die Berufung *Feuerbachs* beschlossen, um für diesen Cours Privatim zu lesen. Da sich über hundert Studierende zum Besuch dieser Vorlesungen sogar schriftlich verpflichteten, so zweifelt man nicht, daß *Feuerbach* diesem ehrenvollen Rufe Folge leisten wird. Es wird dieses von dem freidenkenden Teil unserer akademischen Mitbürger als ein großer Gewinn für unsere Universität angesehen, während die Zöpfe der Rückschrittsmänner und Philister darüber gewaltig ins Wackeln geraten werden. Wir sehen sie schon zusammensitzen und im Chorus singen:

> So sehr uns schon zu Herzen ging,
> Daß uns der Zopf stets hinten hing,
> Er hängt doch immer hinten. «

Die Universität reagiert zurückhaltend und förmlich. In einer Verfügung vom 1. November 1848 rügt der Kurator die Universität zunächst einmal, daß sie noch keine Personalvorschläge eingereicht habe, weil dann »vielleicht die Verschreibung eines privatisierenden Philosophen durch die Studenten unterblieben sein« würde.[64] Doch dann wird es in einem Schreiben des Direktoriums an die Philosophische Fakultät politisch.

Es heißt darin:

> »Von Großherzoglichem Oberamt dahier wurde uns durch Anschreiben vom 12. d. M. No. 48, 552 ein im Namen des ›Ausschusses der Heidelberger Studenten‹ von den Studierenden A. Hirsch, Ed. Haas und V. May bei jener Behörde unterm 8. d. M. eingegebene Anzeige:
>
>> ›Daß der Herr Dr. Feuerbach auf das Ansuchen der hiesigen Studenten bei seinem Aufenthalt hierselbst im nächsten Winterhalbjahre vor einem gemischten Publikum philosophische Vorlesungen zu halten gedenkt‹,
>
> zur Äußerung kommuniziert. Wir haben diese Vorlage sofort an den Engern Senat gebracht, welcher einstimmig der Ansicht ist, daß, da die von dem Dr. Feuerbach beabsichtigten Vorträge der Eingabe des Studierenden Hirsch et Cons. zufolge den Charakter *akademischer* Vorlesungen in keiner Weise in Anspruch nehmen, auch nicht in einem der Universität gehörigen Lokale gehalten werden sollen, die Frage wegen deren Zulässigkeit durchaus nicht mit in die Kompetenz der Universität fällt, sondern lediglich der Entscheidung des Großherzoglichen Oberamts überlassen bleiben muß. In diesem Sinne haben wir daher auch unter dem Heutigen an die obengedachte Behörde unsere Rückäußerung gemacht.«[65]

»Hirsch et Cons.«, die Rädelsführer nach gutem altem (und neuerem) Sprachgebrauch, haben sich wohl mit der Wendung vom »gemischten Publikum« ein taktisches Bein gestellt und so dem Prorektor Rothe ermöglicht, das unvermischt Akademische für die Universität zu reklamieren. Das Gründungsmanifest des Demokratischen Studentenvereins nennt als Ziel, die vernachlässigte Bildung der unteren und unterdrückten Stände zu heben. Feuerbach wird deshalb seine Heidelberger Vorlesungen auch für Handwerker, Meister und Gesellen halten; die Dankadresse des Arbeiterbildungsvereins nach Beendigung der Vorlesungen wird deshalb ganz in dieser Intention von »Erlösung aus geistiger Knechtschaft« sprechen und von Feuerbachs Lehre als sicherer Grundlage der Zukunft, weil sie an die Stelle des Glaubens die Liebe, an die Stelle der Religion die Bildung, an die Stelle der Pfaffen die Lehrer setze.[66]

Hirsch finden wir auch aktiv im Heidelberger Arbeiterverein, so daß sich der Zusammenschluß von Studenten, Bürgern und Arbeitern in Feuerbachs Vorlesungen leicht vorbereiten läßt.

Nun hält sich Feuerbach zwar in Heidelberg auf, das Ganze ist wohlorganisiert und vorbereitet, aber es fehlt ein Raum, in dem er die Vorlesungen halten kann. Der Kurator der Universität hat vorsorglich bereits am 1. November dem Akademischen Direktorium mitgeteilt: »Herr Feuerbach soll schon angekommen sein, ob er um Habilitierung einkömmt, wird sich zeigen, ohne diese erlangt zu haben, kann ihm kein Auditorium in einem Universitätsgebäude geöffnet werden.«[67] Damit sind die Fronten deutlich, denn Feuerbach kann sich unmöglich dem Votum der Fakultät aussetzen. Die Universität dagegen besteht auf ihrem Recht, die Weihe einer venia legendi allein zu erteilen.

Die Studenten versuchen deshalb, das Problem zu lösen, indem sie die Aula der Universität für studentische Zwecke förmlich beantragen, freilich ohne den Namen Feuerbach dabei zu erwähnen.

7 | Eine akademische Aula wird von »... et Cons.« beantragt und ihnen verweigert

Der Hochschulerfahrene wird bemerkt haben, wie sehr sich die Inhalte und Formen von Auseinandersetzungen zwischen Studierenden einerseits und Universität und Regierung andererseits durch die Zeiten hindurch gleich geblieben sind: Nicht nur »Streik« und Vorlesungsboykott, auch Einladung von »systemkritischen« Rednern in die Hochschule, deren Berufung, zumindest studentische Mitwirkung daran, das Problem der Anschläge mit und ohne Genehmigung des Rektorats, die Frage des politischen Selbstverständnisses der Studentenschaft – und nun das Problem der Raumnutzung.

Auch wenn der Name Feuerbach in diesem Zusammenhang nicht fällt, kann man aufgrund der zeitlichen Abfolge der zwischen Studentenschaft und Universität kontroversen Themen davon ausgehen, daß die Aula zumindest auch für Feuerbachs Vorlesungen beantragt wird, und man kann weiter davon ausgehen, daß die Universität das auch so gesehen hat, weil sie sich mit dieser Frage in bezug auf Feuerbach ja gerade beschäftigt hat.

Zunächst wird die Aula für eine Studentenversammlung am 10. November beantragt; unterschrieben ist der Antrag von ebenden Studenten, derentwegen das Ministerium aus Angst vor neuen politischen Unruhen gerade einen Monat zuvor beschlossen hatte, keine Strafmaßnahmen zu ergreifen.[68] Am 30. Oktober beschließt der Engere Senat unter Leitung von Rothe, daß die Eingabe der Studenten V. May, J. Steinthal, Joel, Spengler, Hirsch und Klingraeff abgelehnt werde. Die Studenten wenden sich übrigens in dieser Sache dann erneut an das Ministerium, nachdem die Universität abgelehnt hat. Das Ministerium war damals anscheinend »näher dran« als heute.

Der Engere Senat beschließt am 27. November 1848 über den studentischen Antrag, also wenige Tage vor Beginn von Feuerbachs Vorlesungen, und Rothe berichtet an das Ministerium:

»Auf ein anbei in Original mitfolgendes Gesuch der Studierenden V. May et Cons. vom 28ten vorigen Monats um Überlassung der akademischen Aula an die ›Studentenschaft‹ zu ihren Versammlungen haben wir unter dem 30ten ejusdem, wie die weitere Anlage ausweist, den Petenten erwidert, daß wir uns nicht für berechtigt halten, zu einer fortdauernden Benutzung der Aula für Versammlungen der Studierenden die Erlaubnis zu erteilen. Da das uns gemachte Ansinnen unzweideutig unsre Kompetenz überschritt, so war es nicht nötig, die Tunlichkeit seiner Bewilligung zu erörtern; nachdem aber aus Veranlassung der Wiederholung derselben bei Großherzoglichem Ministerium des Innern das Großherzogliche Kuratorium uns um unsere Meinung in dieser Angelegenheit befragt, stehen wir nicht an, eine *abschlägige* Bescheidung der Bittsteller einstimmig zu beantragen.

Der Anspruch auf eine Benutzung der akademischen Aula für Versammlungen der Studierenden ›zu studentischen Zwecken‹ war bisher den Akademikern völlig fremd und geht von einer ganz neuen Ansicht von der Stellung der Studierenden zur Universität aus, die mit dem wahren Zweck des Besuchs der Hochschulen unverträglich ist und, wenn sie anerkannt würde, zu den verderblichsten Verwickelungen führen müßte, die zum Teil bereits in der Erfahrung vorliegen. Schon der Umstand, daß die Petenten die Benutzung des fraglichen Lokals als ein Recht fordern, sowie der Ton, in welchem sie es in der an uns gerichteten Eingabe tun, sind in dieser Hinsicht bedeutsam genug. Ihre Forderung scheint uns aber zugleich auf einer völligen Verkennung der Bestimmung der Aula zu beruhen. Diese ist lediglich für öffentliche und solenne akademische Akte bestimmt, und ihre Beschränkung auf diese bedingt die Erhaltung ihrer Würde. Ihre Eröffnung für studentische Versammlungen, von denen dann auch burschikose Kundgebungen der Heiterkeit und Gelage nicht ferngehalten werden könnten, würde unvermeidlich eine Entweihung derselben nach sich ziehn, sowie auch Beschädigungen ihrer Einrichtung und bei abendlicher Benutzung Feuersgefahr. Während der Stunden, in welchen die Kollegien gelesen werden, d. h. bis 8 Uhr abends, würden Studentenversammlungen in der Aula den Vorlesungen störend werden, in den späten Abendstunden aber (auf welche ihren mündlichen Erklärungen zufolge das Absehn der Bittsteller geht), würde sie mit der notwendigen Hausordnung, nach welcher das Universitätsgebäude abends um 8 Uhr geschlossen wird, unverträglich sein. Das Universitätsgebäude ist nicht der Ort für nächtliche Zusammenkünfte der Studenten; an Lokalitäten für solche fehlt es hier keineswegs, und in keinem Falle wäre es die Sache der Universitätsbehörde, solche zu beschaffen. Überdies würde die Gewährung des Gesuchs der ›Studentenschaft‹ die Aula aller Wahrscheinlichkeit nach durchaus nicht dem Gebrauch der Gesamtheit der hiesigen Studierenden öffnen, sondern sie lediglich einer einzelnen Partei derselben in die Hand spielen, damit aber nur zu bedenklichen Reibungen unter den Akademikern selbst Veranlassung geben. Dazu kommt endlich noch, daß wenn dem Verlangen der Studierenden in diesem Punkte nachgegeben würde, die Ansprüche auf die Benutzung der Aula, die noch von manchen anderen Seiten her sich erheben möchten, nicht wohl zurückzuweisen sein würden, wie denn erst jüngst ein Gesuch der hiesigen Deutschkatholischen Gemeinde um die Erlaubnis zur Abhaltung ihres Gottesdienstes in jenem Saale durch eine mündliche Mitteilung ihres Vorstehers an den zeitigen Prorektor in Aussicht gestellt worden ist.

46

Indem wir aus diesen Gründen dringend wünschen müssen, daß das Großherzogliche Ministerium des Innern dem Gesuch des A. Spengler et Cons. nicht stattgeben möge, erlauben wir uns zugleich die gehorsamste Bitte, daß die vorgesetzte Behörde aus dieser Veranlassung allgemeine Normen für die Benutzung der akademischen Aula aufstellen wolle, und zwar in der Richtung, daß dieselbe ausschließend für feierliche akademische Akte zu verwenden sei. «[69]

Der Kurator, der dann am 1. Dezember 1848, an dem Tag, an dem Feuerbach zu lesen beginnt, dem Ministerium des Innern berichtet, schreibt:

»Ich möchte weder nach dem Beispiele Münchens das Universitätsgebäude zur Wachstube und zum Exerzierplatze verwendet, noch weniger aber der Berliner und zuletzt noch der Wiener Aula, blutigen Andenkens, die Heidelberger Aula nachgebildet sehen. «[70]

Hinter der Ablehnung von seiten der Universität mit den Gründen: Entweihung durch Gelage, Zusammenkünfte im Dunkeln, parteiliche Nutzung, gar Feuergefahr steht wohl vor allem eine hochschulpolitische Position, das Interesse an einem allein den Professoren und den von ihnen gebildeten Gremien vorbehaltenen Verfügungsrecht über die Räume der Universität.

Im übrigen ist die Aula von der Universität sehr wohl für (vielleicht genehmere) politische Zwecke zur Verfügung gestellt worden, z. B. für Bürgerversammlungen am 29. Februar und 30. März.[71] Am 10. April findet in ihr eine »Versammlung hiesiger Bürger und staatspolitischer Einwohner« statt zwecks Diskussion über die Lage des Vaterlandes. In ihr kommt es zum Streit, so daß sich Winter immerhin gegen die Darstellung seiner Person in Karlsruhe und Frankfurt als »revolutionärer Bürgermeister« wehren muß.

8 | Ein Philosophieprofessor schreibt ein Gutachten

Es geht um das Gutachten, geschrieben von Karl Alexander Freiherrn von Reichlin-Meldegg, »Doktor der Theologie, des Kirchenrechts und der Philosophie, der letztern ordentlichem, öffentlichem Professor an der Ruprecht-Karls-Hochschule zu Heidelberg«,[72] Verfasser von »Die Autolatrie oder Selbstanbetung, ein Geheimnis der Jung-Hegelschen Philosophie an L. Feuerbach« (Pforzheim 1843) und eines Buches gegen Schelling: »Bedenken eines süddeutschen Krebsfeindes über Schellings erste Vorlesung in Berlin« (Stuttgart 1842).

Mit den gespreizt-deftigen Titeln ist der Rahmen abgesteckt: Reichlin-Meldegg ist ein philosophierender Theologe oder theologisierender Philosoph, der gegen Feuerbachs Religionskritik ebenso auftritt wie gegen die Philosophie des alten Schelling. Reichlin-Meldegg hat nach seinem Übertritt zum evangelischen Glauben im Jahre 1832 die Universität Freiburg verlassen müssen und ist nach Heidelberg versetzt worden, wo er die Erlaubnis erhalten hat, über philosophische Gegenstände und über Sprachen an der Philosophischen Fakultät Kollegien zu halten. Mit dem obigen Titel darf er sich erst seit 1839 schmücken.

Aber bevor wir uns dem Inhalt des Gutachtens zuwenden, noch einige Bemerkungen zum Hintergrund, vor dem es entsteht, also zur Philosophischen Fakultät.

Die Fakultät gerät in diesen Wochen unter erheblichen Druck. Der Kurator hält nämlich ihr und dem Akademischen Direktorium vor, daß die studentischen Unternehmungen wegen Feuerbach unterblieben wären, wenn die Fakultät Personalvorschläge für die Professur nur rechtzeitig eingereicht hätte. Schließlich habe sie vom 24. Juli bis zum 15. August 1848 – also ganze drei Wochen – Zeit gehabt!

Der zweite Streitpunkt liegt darin begründet, daß alle vier Fakultäten vom Kurator um Personalvorschläge gebeten worden sind, weil der zu berufende Philosoph, wie bekannt, für die Studierenden der ganzen Universität wirken sollte. Die Philosophische Fakultät versucht, sich zu entlasten, indem sie die Zeitverzögerung auf den Umzug des Dekans, die Ferien usf. schiebt, den Kurator in die Defensive bringt und auf inhaltliche Differenzen zwischen ministerieller Verfügung und Kuratelerlaß verweist. Das Ministerium hatte nämlich nicht ausdrücklich verfügt, daß alle Fakultäten angehört werden sollten, denn dies war ja, wie wir gesehen haben, die Absicht des Akademischen Direktoriums, also wohl Rothes. Da aber der Kurator das Akademische Direktorium nicht bloßstellen will, schlägt er zurück, indem er die Fakultät wegen ihrer Mißtrauensbezeugung rügt.

Kurzum: Bereits vor dem Gutachten wird deutlich, daß die Fakultät eigentlich gar keine zweite Stelle besetzen will, in der jetzigen, unruhigen Zeit schon gar nicht und ganz und gar nicht womöglich mittels Personalvorschlägen anderer Fakultäten! Weiter ist deutlich, daß die Aufgabe, aus dieser Zwickmühle herauszuführen, nur dem Fakultätsphilosophen zufallen kann, eben Reichlin-Meldegg.

Sein Gutachten, neun Seiten in Quart, ist insofern kurios, als er zwei Philosophen – als einzig berufen zu werden würdig – nennt, die er in seinen beiden genannten Schriften heftig bekämpft: Schelling und Feuerbach. Schelling lehrt zu der Zeit in Berlin und ist 87 Jahre alt. Er hatte dort 1841/42 seine erste Vorlesung über die lang angekündigte und erwartete Philosophie der Offenbarung gehalten. Diese Vorlesung wird von H. E. G. Paulus in einer umstrittenen Nachschrift unautorisiert und in polemischer Absicht herausgegeben.[73] Paulus' Position ist zusammengefaßt: Schellings Bestreben sei ver-

48

derblich, weil er »die einfachen religiösen Wahrheiten durch die erdichteten Ergebnisse philosophischer, d. i. sich, wie absolute Philosopheme, gebärdender Deduktionen ersetzen« wolle (in: Dr. Paulus' vorläufige Appellation an das wahrheitsliebende Publikum contra des Philosophen F. W. Joseph v. Schelling Versuch, mittels der Polizei sich unwiderlegbar zu machen, Darmstadt 1843).[74] Reichlin-Meldegg ergreift in diesem Streit die Partei von Paulus gegen Schelling. Gegen Feuerbach hatte Reichlin-Meldegg bereits das oben genannte, sich humoristisch gebende geschwätzige Pamphlet verfaßt.

Es ist also kaum zu verstehen, daß Reichlin-Meldegg gerade Schelling und Feuerbach benennt – es sei denn, man gehe davon aus, daß auf diese Weise die Berufung eines weiteren Professors für Philosophie, besonders die Feuerbachs, verhindert werden soll. Sein strategischer Gedanke ist: »Zwei berühmte Männer haben wir, aber leider ist der eine zu alt und der andere politisch untragbar, was man ja schon an den Umtrieben der Studenten sieht!«

Mit Datum vom 12. November 1848 übergibt Reichlin-Meldegg sein Gutachten der Fakultät.[75] Es ganz abzudrucken hieße, einiges schon Gesagte zu wiederholen. Ausführlich daraus zitiert soll werden, weil es ein Stück unrühmlich-kurioser Universitätsgeschichte darstellt und weil es Feuerbachs Stellung in der Philosophie aus der Perspektive eines Gegners beleuchtet.

Der erste inhaltliche Punkt, den Reichlin-Meldegg – gekränkt – berührt, ist die Auffassung von Kurator und Ministerium bezüglich »Wärme« und »Gediegenheit«: In der Auffassung des Kurators könne

»man sehr leicht und ohne Sophistik einen indirekten Vorwurf gegen meine und der übrigen Lehrer der Philosophie bisherige und jetzige Lehrwirksamkeit finden [...], aus welcher man folgern könnte, daß es mir und den übrigen Lehrern der Philosophie an ›Wärme‹ und ›Gediegenheit des Vortrags‹ fehle, um ›zum Nutzen aller Fakultäten‹ eine lebhaftere Teilnahme zu erringen, daß wir die nötige lebhafte Teilnahme von Seite der Studierenden nicht besitzen, nötigt mich, so ungerne ich Persönliches berühre, zu einer Entgegnung«.[76]

Was jetzt folgt, ist eine seitenlange Auflistung von Verdiensten und Zahlen und ein ausführliches Lob der eigenen Lehrtätigkeit.

Dann bezieht sich Reichlin-Meldegg auf Feuerbach bzw. die studentischen Forderungen, Feuerbach zu berufen:

»Während der hohe Ministerialerlaß nur die betreffenden Fakultäten auffordert, hat der hohe Kuratelerlaß daraus Veranlassung genommen, alle vier Fakultäten zu hören. Dadurch wurde dem Gegenstande eine Ausdehnung gegeben, die zuletzt der hohen Kuratel selbst nicht angenehm sein könnte. Ein Mitglied einer andern Fakultät lud durch Anschlag am Schwarzen Brette die Studenten zu einer konfidentiellen Mitteilung ein, und so kam die Sache vor ein ganz anderes Forum, welches in Zeitungsartikeln und Versammlungen die Berufung Ludwig Feuerbachs besprach und selbst entschieden von der Regierung forderte. Wäre der Gegenstand allein und ausschließend vor die Philosophische Fakultät gekommen, vor welche er der bisherigen Übung nach hätte kommen sollen, so wäre jedenfalls die unangenehme, noch jetzt nicht zum Abschlusse gekommene Studentenvokationsgeschichte unterblieben.«

Schuldzuweisung also oder besser gesagt der Versuch, den Schwarzen Peter – hier Feuerbach – dem Kurator zuzuschieben.[77]

Nach langen und umständlichen Vorbemerkungen kommt Reichlin-Meldegg zum eigentlichen Punkt, der im folgenden vollständig wiedergegeben wird:

»Obschon es also eine große Frage ist, ob bei dem gegenwärtigen Stande für philosophische Lehrgegenstände die Vokation eines weitern Philosophen ein so großes und dringliches Bedürfnis ist, wenn man auf andere Wünsche und Bedürfnisse unabweislicher Art Rücksicht nimmt, so will der Unterzeichnete dennoch, da man Personalvorschläge erwartet, seine Absicht hierüber dem hohen Ministerium des Innern vorlegen.

Der Unterzeichnete, der die ältere und neuere philosophische Literatur seit Dezennien zum Gegenstande seines sorgfältigen und gewissenhaften Studiums gemacht hat, weiß in unserer der spekulativen Philosophie so überaus ungünstigen, vorzugsweise den praktischen, materiellen und politischen Interessen zugewendeten Zeit, wenn man ihn nach eigentlich berühmten Namen in der Philosophie fragt, durchaus nur zwei zu nennen: *Friedrich Wilhelm Joseph Schelling* und *Ludwig Feuerbach*.

Schelling huldigt der positiven, am Bestehenden festhaltenden Richtung, welche dadurch, daß sie einer gewissen theologischen Partei in München und Berlin diente, in Scholastizismus ausartete und sich um ihr Ansehn gebracht hat. Auch ist dieser Philosoph im hohen Greisenalter und für unsere Universität nicht zu gewinnen.

Nach Feuerbach sind Wünsche ziemlich kategorischer Art in Versammlungen und Zeitungsartikeln rege geworden, und die Klage in manchen liberalen Blättern über die Philosophie in Heidelberg muß man lediglich dem seit Jahren gehegten Wunsche einer gewissen, nur zu bekannten Partei nach dem Besitze Feuerbachs zuschreiben.

Feuerbach gehört der absolut negativen Richtung an, welche den Atheismus und den Nichtunsterblichkeitsglauben, speziell die Negation des Christentums und der Religion selbst in populärer Form als Aufgabe der Wissenschaft hinstellt. Er wird mit Recht als das Haupt dieser Partei bezeichnet. Durch wissenschaftliche Gediegenheit und Genialität der Forschung sind Feuerbachs Arbeiten über Leibniz, Spinoza, Bayle usw. bekannt. Seit er sein ›Wesen des Christentums‹ geschrieben hat, hat er sich in mehr populärer, weniger wissenschaftlicher Form einer andern Art von Tätigkeit zugewendet. Die Grundgedanken seiner jetzigen literarischen Tätigkeit, die er am meisten im Wesen des Christentums ausführt, sind: 1) ›Der Mensch ist Gott, und es gibt keinen Gott außer oder über dem Menschen‹. 2) Der Mensch wendet sich zu sich selbst in verschönerter, idealisierter Form, um sich zu raten und zu helfen, wenn er sich selbst nicht zu raten und zu helfen weiß, und dieses Phantasiebild, dieser alter ego ist sein Gott. 3) Nur der Mensch an sich ist das Wesenhafte und Dauernde; alle menschlichen Einzelheiten sind entstehend und verschwindend. Von einer Fortdauer mit persönlichem Bewußtsein kann in der Wissenschaft keine Rede sein. 4) Alle Auswüchse christlich-mittelalterlicher Hierarchie, und wenn sie noch so schlecht und beschränkt wären, sind im Wesen des Christentums, in den Evangelien begründet, und Feuerbach will selbst aus dem Satze des Christentums ›Gott ist die Liebe‹ beweisen, daß der Haß im Christentume liegt, weil Gott und Liebe, als Subjekt und Prädikat getrennt, einen Zwiespalt zwischen sich hätten. 5) Die neuern Schriften Feuerbachs sind ihrer Form nach offenbar für das große Publikum berechnet.

Ich zweifle keinen Augenblick, daß es Feuerbach an der hiesigen Universität, wenigstens in der ersten Zeit, an bedeutender Wirksamkeit [nicht] fehlen wird, und was Kenntnisse und Talent betrifft, kann man wohl schwerlich einen Tüchtigeren vorschlagen.

Was den Geist und die Tendenz seiner neuern populärphilosophischen Tätigkeit betrifft, mußte ich als verpflichteter Vertreter des Faches darauf aufmerksam machen. so sehr mir Freiheit der Lehre und Wissenschaft über alles geht. Ich stelle alles andere dem eigenen Ermessen und der Weisheit unserer hohen Staatsregierung anheim.

Alle andern Lehrer der Philosophie, welche jetzt leben, müssen wir rücksichtlich der Bedeutsamkeit ihrer Leistungen und der Zelebrität des Namens hinter Schelling und Feuerbach setzen und wollen sie im Vergleiche mit ihnen Philosophen zweiten Ranges nennen. Als auf die Bedeutenderen unter diesen weisen wir auf Trendelenburg und Beneke in Berlin, auf Brandis in Bonn, Chalybäus in Kiel, Scheidler, Bachmann und Reinhold in Jena, Hartenstein und Lindemann in Leipzig hin.

Zwei Gelehrte, von denen man ebenfalls gesprochen hat, Erdmann in Halle und Fichte in Tübingen, können wir als mit den eben Genannten keineswegs ebenbürtig betrachten und müssen daher diese in die dritte Klasse setzen. Sie haben nämlich keine andere an ihnen bedeutend herauszuhebende Eigenschaft als diese, daß sie zur Realisierung gewisser theologischer Parteizwecke vielleicht dienen könnten und jedenfalls mehr schwatzhaft, geistlos und zum Teile sogar ungründlich gelehrt als denkend und selbständig frei forschend sind. Erdmanns neuere geschichtliche Werke über Philosophie sind mehr Kompilationen als Forschungen, und seine Ausgabe des Leibniz ist ebenso ungenau als unkritisch. Seine Psychologie kokettiert ohne Geist mit dem liberalen Hegeltume! Alle Sätze sind ein treues Echo der Hegelschen Werke, und der einzige Gedanke derselben ist: Das Allgemeine ist das Wesenhafte.

Wie er dieses zu beweisen versucht, davon nur zwei Proben aus seiner Psychologie. Große Schriftsteller, sagt Erdmann, sprechen per ›wir‹ statt ›ich‹, also nicht im Singular, sondern im Plural, ein Beweis, wie er naiv beisetzt, daß nicht das Einzelne, sondern das Allgemeine das Wesenhafte ist. Wenn ein Lehrjunge oder ein Geselle, fährt er fort, emanzipiert und Meister wird, wird er nicht mehr mit ›er‹ oder ›du‹, sondern mit ›Ihr‹ oder ›Sie‹ angeredet, also nicht mehr im Singular, sondern im Plural. Auch diese Bemerkung soll einen Beleg für die Behauptung abgeben, daß das Allgemeine das Wesenhafte sei. Solche Sätze sind mit Hegelschen Terminologien überkleistert und können darum von den meisten nicht verstanden werden. Aus diesem Grunde sieht man sie als eine Stütze der Theologie an, während sie, wie Hegels Philosophie gezeigt hat, die Theologie nach und nach untergraben. Man hielt lange Zeit in Deutschland Hegels Religionsphilosophie für eine Stütze der Theologie. Wer hätte daran denken sollen, daß man später aus demselben Buche den Atheismus und die Nichtunsterblichkeit herausphilosophieren würde? Schon vor 9 Jahren, als man Erdmanns Vokation durchsetzen wollte, hat die Philosophische Fakultät ihre Gründe gegen diese Berufung geltend gemacht. Fichte hat ein langweiliges, dickes Buch über die Persönlichkeit Gottes geschrieben, was ihn schwerlich als einen zum Nutzen aller vier Fakultäten wirkenden Lehrer empfehlen mag.

Sollte man an die Berufung der von mir als zur zweiten Klasse gehörig bezeichneten oben angeführten Philosophen denken, so darf man nicht vergessen, daß ein großer Teil von den oben Genannten entweder vorgerückteren Alters oder in glänzender Stellung [ist], in welcher sie keine Vokation nach Heidelberg annehmen würden, oder endlich, daß ihre Lehrwirksamkeit entweder eine ganz unbedeutende oder uns selbst unbekannt ist, auf welche doch außer der literarischen Tätigkeit bei akademischen Berufungen Rücksicht zu nehmen ist. Endlich ist die Vokation von Philosophen zweiten Ranges eine Ungerechtigkeit gegen den jüngern außerordentlichen Lehrer, der in schriftstellerischer Tätigkeit wie in Lehrwirksamkeit neben sie hingestellt werden kann. Ja, was die letztere betrifft, ist sie uns hier bekannter, als sie es bei auswärtigen Lehrern an fremden Universitäten sein kann. Wir wüßten daher nach sorgfältiger und gewissenhafter Prüfung aller angeführter Namen auch nicht einen zu nennen, auf den wir einen bestimmten Antrag stellen könnten.

Endlich ist nicht zu verschweigen, daß wir gerade die gegenwärtige, der Spekulation in der Philosophie abholde, der politischen Bewegung zugekehrte Zeit, in welcher an gar keiner einzigen Universität Deutschlands seit dem Tode Hegels, Herbarts oder Fries' irgendeine bedeutende philosophische Lehrpersönlichkeit, die auch als Schriftsteller eine eigentliche Zelebrität ist, zu nennen wäre, für die allerungeeignetste halten, mit schwerem Gelde einen Mann kommen zu lassen, der zuletzt bei uns nicht einmal eine Wirksamkeit findet. Ich darf nur darauf hinweisen, daß der von Solothurn nach München als ordentlicher Professor der Philosophie gerufene Dr. Lindemann kurz vorher bei uns als Privatdozent auftrat und mitten im Semester ein publice gelesenes Kollegium schließen mußte, weil er keinen einzigen Zuhörer mehr hatte. Auch der jetzt als Professor in Jena angestellte Dr. Fortlage verließ Heidelberg, weil er hier keine Kollegien mehr zustandebringen konnte. Der verdienstvolle Heinrich Schmid, der zur Zeit meiner Versetzung nach Heidelberg (1832) außerordentlicher Professor der Philosophie war, konnte nur einige, wenig besuchte Vorlesungen halten, und selbst die Wirksamkeit früherer Lehrer war, wie bekannt, keineswegs bedeutend.

52

Schließlich darf ich wohl die Überzeugung aussprechen, daß ich von dem allgemein bekannten hohen Gerechtigkeitssinne unserer hohen Regierung zuversichtlich hoffe, es werde bei etwaiger Berufung eines auswärtigen Lehrers der Philosophie die geeignete Vorsorge getroffen werden, den Unterzeichneten, der nun seit bald vollen 17 Jahren an hiesiger Universität als Lehrer der Philosophie und als Schriftsteller im Felde der Philosophie, Theologie und Literargeschichte mit unverdrossenem Eifer unter oft nicht ermunternden Verhältnissen pflichtgetreu und mit Anerkennung seiner Vorgesetzten gewirkt hat, dem äußern Range und der Besoldung nach dem etwa neu eintretenden Lehrer gleichzustellen.«

Die Mitglieder der Philosophischen Fakultät, die immerhin auch aus gestandenen Wissenschaftlern und ehrwürdigen Männer besteht wie Jolly, J. F. C. Kortüm, F. C. Schlosser, werden – so ist zu hoffen – nach so viel »Gutachten« kräftig haben durchatmen müssen. Im Protokoll der Fakultätssitzung vom 25. November 1848 ist jedoch vermerkt, »alle Anwesenden mit Ausnahme des Prof. Kortüm [seien] der Meinung, daß die Anstellung des Dr. Feuerbach nicht anzuraten sei. Die Mehrheit spricht sich dafür aus, daß keine Vorschläge zu machen seien [...]«[78] H. G. Bronn schreibt gar ins Protokoll:

»Ich finde das Protokoll in bezug auf Feuerbach durchaus nicht genügend, da man sich von mehren Seiten her gegen ihn persönlich verwahrt hat, seiner atheistischen und antichristlichen Tendenz wegen, welche auf einer christlichen Universität doch nicht wohl absichtlich vertreten werden soll? Die andern genannten Philosophen hat die Fakultät nur ungenügend, ihn hat sie als ungeeignet, als unmöglich befunden.«[79]

Das ist dann wenigstens ehrlich; das Gutachten von Reichlin-Meldegg dagegen ist nicht nur halb versteckt tendenziös, sondern auch peinlich, weil es kleinkarierten Geist verrät. Er desavouiert alle genannten Philosophen; Feuerbach sei absolut negativ. Auf diese Kritik hat Feuerbach später in seinen Heidelberger Vorlesungen reagiert: Zweck seiner Vorlesungen sei, die Menschen aus Theologen zu Anthropologen, aus »Kandidaten des Jenseits zu Studenten des Diesseits, aus religiösen und politischen Kammerdienern der himmlichen und irdischen Monarchie und Aristokratie zu freien, selbstbewußten Bürgern der Erde zu machen«. Sein Zweck sei daher ein positiver, er verneine nur, um zu bejahen. Er verneine nur das »phantastische Scheinwesen der Theologie und Religion, um das wirkliche Wesen des Menschen zu bejahen«. Mit keinem Worte habe man größeren Unfug in neuerer Zeit getrieben als mit dem Worte »negativ«.[80]
Schelling wird von Reichlin-Meldegg als Religions- und Hof-Philosoph König Friedrich Wilhelms IV. hingestellt, der sich auf diese Weise selber um sein Ansehen gebracht habe. Alle übrigen Philosophen werden auf abfällige Weise in minderwertige Klassen versetzt, wobei Erdmann besonders schlecht

wegkommt, wohl vor allem weil die Theologische Fakultät ihn besonders für eine Berufung nach Heidelberg ins Auge gefaßt hatte.

Das Gutachten gipfelt dann in der durchaus üblichen und zeitgemäß-zeitlosen, gleichwohl kleinkarierten Befürchtung des Professors, womöglich bei Berufung eines konkurrierenden Kollegen »dem äußern Range und der Besoldung nach« schlechter dazustehen als jener.

Der Ruf der Heidelberger Philosophie scheint jedenfalls nicht der beste gewesen zu sein, denn in den Akten taucht immer wieder die Forderung auf, die Lehre in diesem Fach sei zu verbessern. Maliziös und drastisch beschreibt die in Frankfurt erscheinende, eher liberale »Deutsche Zeitung« (Nr. 331) vom 15. Dezember 1848 die Verhältnisse an der Fakultät und bezieht sich kritisch auf Feuerbach und Reichlin-Meldegg. Feuerbach betreibe systematisch eine dilettantische Philosophie und nutze mit seinen Vorlesungen opportunistisch und verantwortungslos die politische Situation; Reichlin-Meldegg dagegen sei unter aller Kritik, ein Narr und besser in den Ruhestand zu versetzen. Der Schreiber scheint einigermaßen intime Kenntnisse zu haben, was nicht verwundert, weil eine Reihe von liberalen Heidelberger Professoren wie Gervinus, Häusser, Mittermaier an der »Deutschen Zeitung« mitarbeiten.

»Was das Fundamentalfach, die Philosophie selber, angeht, so wollte sie nie recht heimisch in Heidelberg werden; selbst in der glücklichsten Zeit der Restauration konnte Hegel da nicht gedeihen. Es hat jede Universität ihre eigene Atmosphäre; vielleicht widerstrebt die spekulative Philosophie der dortigen; wir sehen kein so großes Unglück dabei, wenn Heidelberg in diesem Gebiete nicht mit Berlin konkurriren kann. Aber dies soll freilich den bestehenden Zustand nicht entschuldigen. Keine Philosophen zu haben, würde Heidelberg den Schaden bringen, keine Philosophie zu haben; das wäre schlimm genug; aber eine Philosophie voll schlimmer Wirkungen zu haben, das ist schlimmer. Seit Jahrzehnten wird in Heidelberg mit der Philosophie Dilettantismus getrieben. Der vorige Ordinarius war ein protestantischer, der jetzige war ein katholischer Theolog; in das mangelnde Fach schoben sich neuerdings Orientalisten und Archäologen ein; neben der Universität gibt jetzt Feuerbach Gastrollen, der eine dilettantische Philosophie systematisch betreibt. Wir haben gegen die freigeistigen Lehren dieser Männer nichts, sobald sie in wahrhaft wissenschaftlichem Geist und Methode gelehrt werden, aber als eine gelegentliche Weisheit in der gelegenen Stunde der offenen Konkurrenz um des Vortheils und der Popularität willen vor einer ohnehin aufgeregten Jugend gelehrt, müssen sie eine Brut von Verwilderung an dem Gedanken-Systeme des nachwachsenden Geschlechtes zeugen, vor der uns in Gedanken schon graut. Vollends wenn den Lehrern dieser Farbe so völlig kein Gegengewicht gegeben ist. Der Ordinarius der Philosophie gehört nicht zu diesen Wühlern, aber er ist auch kein Mann vom Fach. Es ist in Heidelberg seit Jahren stadtkundig, daß er einmal gegen einen fremden Philosophen äußerte, die ganze Philosophie seit Aristoteles bis auf Hegel sei eine einzige

Duselei gewesen!! Am Hofe der Philosophie kann man ein solches Majestätsver-
brechen höchstens Dem verzeihen, der die Rolle des lustigen Rathes spielt. Diese
freilich sehr veraltete Rolle spielt jener Mann, wie gleichfalls in Heidelberg
Jedermann weiß, in seinen Vorlesungen über Faust alljährlich einmal. In seinem
nun gedruckten Werke[81] über diesen Gegenstand sieht man diese Seite seiner
Philosophie nicht so unmittelbar heraus, ihr gleichfalls sehr veralteter scholasti-
scher Charakter blickt desto greller daraus hervor. Auch in den Doktorpromo-
tionen, zu deren philosophischem Theile der Ordinarius in Privatissimis vorbereitet, tritt dieser Charakter heraus. Es würde uns nicht schwer sein, von einem
Offenherzigen unter den vielen Promovirten das Protokoll eines solchen
Examens zu erhalten; die Welt würde erstaunen, auf welche Antworten im
philosophischen und historischen Fache die Fakultät die Doktorwürde ertheilt;
aber noch viel mehr würde sie über die *Fragen* erstaunen, die in jenem ersteren
Fache vorgelegt werden! Wir können auf Niemanden einen Tadel werfen um
seines Talentes und um der Richtung seiner Studien willen; aber die Universitäts-
pflege trifft eine gerechte Schmach, die mit der Wissenschaft solch ein Unwesen
treiben läßt. Hier ist es wahre Sparsamkeit, für Ruhegehalte zu verschwenden.«

Scharf ist die Kritik von liberaler Seite, aber nicht ganz unberechtigt! Die
Artikelserie über die Universität Heidelberg hat im übrigen auch scharfe
Reaktionen von allen Seiten erfahren, was ja zuweilen Kennzeichen von
Richtigkeit der angegriffenen Position ist. Der Kurator von Dahmen reagiert
mit einer Schrift »Beleuchtung der in [...] der deutschen Zeitung enthaltenen
Angriffe gegen die Universität Heidelberg, ihre Lehrer, Anstalten und ihren
Kurator. Von Letzterem am Schluße seiner Geschäftsführung« (Heidelberg
1849), und Eduard Morstadt, einer der Professoren, die sich auf die Seite der
Studentenschaft geschlagen und jener Deputation angehört haben, die gegen
das Verbot des Demokratischen Vereins in Karlsruhe protestierte, antwortet
mit seiner Schrift: »Inquisition auf den Rattenkönig-Spuk in Heidelberg [...]«
(Heidelberg 1848).

Und nun schließt sich der Universitäts-Kreis wieder. Am 23. Dezember 1848
teilt der Senat der Philosophischen Fakultät mit, welche »des Rufes würdige
Männer« von der Theologischen Fakultät vorgeschlagen werden: Rosenkranz,
Trendelenburg, Erdmann. Die anderen beiden Fakultäten machen keine Vorschläge. Schon wieder taucht der »obskure Erdmann« auf.[82]

Eigentümlicherweise hat das letzte professorale Wort in dieser unrühmlichen
Berufungsgeschichte ein Mann, den Feuerbach 1823 bei seinem Studienbeginn
in Heidelberg in »Kulturgeschichte« gehört hatte, nämlich Friedrich Christoph
Schlosser. Schlosser kommentiert mit zittriger Hand, er war 72 Jahre alt, auf
der Rückseite der oben genannten Mitteilung:

»Da Rosenkranz und Trendelenburg ganz gewiß nicht annehmen, so ist das eine
elende Jesuiterei, um uns Erdmann aufzuhalsen, gegen den wir protestieren
müssen. Das ist ein elender Rhetor und Schwätzer.«[83]

Berufen wurde zunächst einmal niemand. Das erste philosophische Glanz-
licht der kommenden Jahre ist Kuno Fischer, der sich im Oktober 1850 in
Heidelberg habilitiert, als Privatdozent liest, dem man aber bereits im Juli 1853
die Lehrbefugnis aus politischen Gründen entzieht, wie kurz darauf auch einem
Freunde Feuerbachs, dem Chemiker Jakob Moleschott.[84] Von Kuno Fischer
stammt auch das Urteil, das, wie wir sehen werden, die Meinung vieler
Zuhörer wiedergibt, die an Feuerbachs Vorlesungen im Rathaussaal teilgenommen haben: Feuerbach sei der »befreiende Philosoph seines Zeitalters«.[85]

Ganz zum Schluß des die Universität betreffenden Teils der Feuerbach-
Affaire muß noch einmal der am Anfang zitierte Kurator von Dahmen zu Wort
kommen, der dem Ministerium des Innern am 9. Januar 1849 resigniert
schreibt:

> »Nach sechsmonatlichem Zögern, Ablehnen und Streiten kam endlich diese
> Frage [der Berufung] an den Akademischen Senat [. . .] Ich erneuere aber meinen
> Antrag nicht, denn ich glaube nach den neuesten Verunglimpfungen der
> Universität nicht, daß ein Gelehrter von Ruf mehr hierher geht, und will auch
> meinem Nachfolger das in meinen Augen große Verdienst, die bedauerliche
> Lücke glücklich auszufüllen, nicht verkümmern. Ich schließe ferner eine Vorlage
> des Akademischen Direktoriums vom 30. vorigen Monats hier an und gestehe,
> daß ich nicht verstehe, was unsere Philosophen in dieser Ausführung eigentlich
> sagen wollen, obgleich die Heidelberger Philosophen sonst leicht zu verstehen
> sind.«[86]

9 | Ein Rathaussaal wird geöffnet und Feuerbach als befreiender Philosoph seines Zeitalters gefeiert

Was nun folgt, ist auch nicht mehr Angelegenheit der Universitätsphilosophie.
Feuerbach ist spätestens seit 5. Oktober 1848 in Heidelberg,

> »wo ich mich auf ein Monat eingemiethet habe, auf derselben Seite, wo Kapps
> wohnen, aber in der entgegengesetzten Richtung. Bei Kapps kann ich nicht
> wohnen, weil sie Einquartierungen hatten und täglich zu erwarten haben, und
> will ich nicht wohnen, weil ich mein eigner Herr sein, für mich sein und arbeiten
> will.«[87]

Feuerbach war aus Frankfurt, von wo ihn die »schlechte Politik der
Deutschen, sowohl links als rechts, und der theure Preis der Lebensmittel«

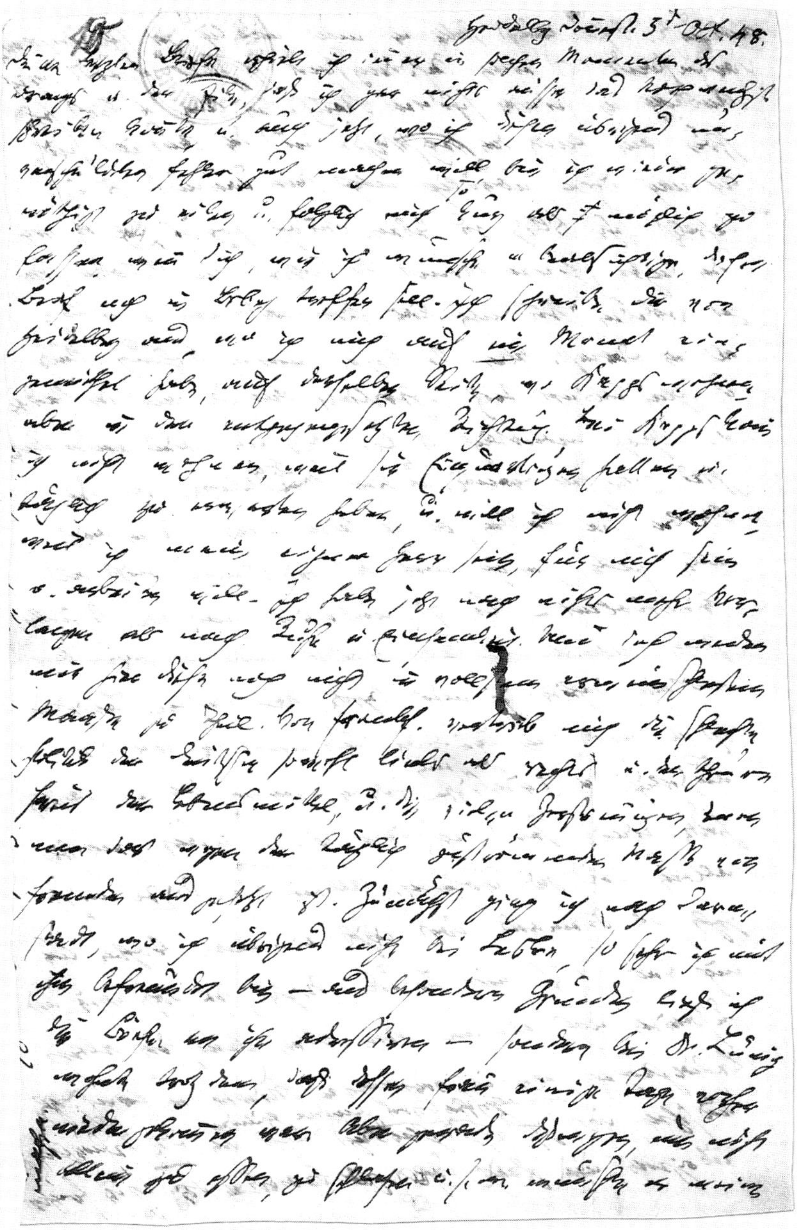

Abb. 11. *Ludwig Feuerbach an seine Frau Bertha. Heidelberg, den 5. Oktober 1848*

vertrieben hatten, über Darmstadt nach Heidelberg gekommen. Er ziehe es vor,

> »den letzten schönen Monat des Jahres, den October, hier zu verleben, denn man kann hier fast ebenso billig als in Darmstadt leben. So kostet meine Wohnung: Stube und Schlafkabinet trotz seiner so herrlichen Aussicht auf den Neckar und das Schloß monatlich 9 fl., also ein bedeutender Unterschied zwischen Frankfurt und hier. Ob ich länger als den October hierbleibe, ob ich lesen werde – lesen auf alle Fälle, jedoch nur als Privatmann und nicht als Privatdocent –, das ist unbestimmt, noch ebenso unbestimmt, wohin im Falle meines nicht längeren Verweilens dahier mich begebe.«[88]

Diese Unsicherheit ist ein wesentliches Merkmal der Briefe aus der Zeit: Wachsende Geldnot, weil die Bruckberger Porzellanfabrik, an der seine Frau beteiligt ist, am Rande des Bankrotts steht, und geringe Einnahmen aus der Ausgabe seiner Werke. Auch deshalb bleibt das Verhältnis freie Schriftstellerei – Professur für Feuerbach höchst ambivalent.

Feuerbach wohnt in Heidelberg bei Lucas Seitz, einem Wein- und Café-Wirt, über der Brücke, das heißt genau in der Ziegelhäuser Landstraße 23/25. Die Gastwirtschaft gibt es bis zur Jahrhundertwende als »Zum Weinberg ob der Bruck«, heute noch kenntlich durch einen Gedenkstein mit der Inschrift in einer Brunnennische.[89]

Feuerbach kämpft mit dem Heidelberger Klima und verlangt nach Elektrizitätsableitern, um sein »furchtbarstes Ohrensausen« zu lindern, beschließt vorsorglich und wiederholt, auf keinen Fall sein Bruckberger Schreibpult mit dem Heidelberger Katheder zu tauschen, hat Sehnsucht nach seiner Familie und findet Heidelberg im November häßlich. »Wie schön sind unsere, auch im Winter grünen Wälder gegen das kahle niedrige Buchengestrüpp der Heidelberger Berge!«[90] Er macht Spaziergänge von seiner Wohnung bei Seitz an Kapps Haus vorbei, den Neckar entlang nach Handschuhsheim und über den Philosophenweg zurück, besucht politisch Gleichgesinnte wie Dr. Friedländer und Dr. Hettner und spricht mit ihnen über die Situation an der Universität.

> »Von dem Privatdozenten Dr. Friedländer ist stadtkundig, daß derselbe in den der offenen Empörung vorausgegangenen Zeiten sich vielfach unter die Arbeiter gemischt, mit denselben exerziert, sie angeführt und aufreizende Reden gehalten hat« –

so eine Akte der Universität, als später politisch abgerechnet wird. Friedländer wird aus der Liste der Universitätslehrer gestrichen, zu drei Jahren Zuchthaus verurteilt, dann begnadigt.[91] Feuerbach verkehrt auch rege mit der Familie Kapp, läßt sich von ihr einladen und beraten, bleibt aber aus verständlichen Gründen auf Distanz.

58

Gegen Ende der Vorlesungen wird in einem aus falsch verstandener Pietät Feuerbach gegenüber bisher unvollständig veröffentlichten Brief deutlich, daß seine Frau Bertha Feuerbachs Bereitschaft, in Heidelberg über Monate hinweg Vorlesungen zu halten, kräftig beargwöhnt und ihm unterstellt, daß Johanna

Abb. 12. Wirtschaft zum Weinberg ob der Bruck. 1899

dabei eine Rolle spiele. Feuerbach weist die Unterstellungen seiner Frau scharf zurück und berichtet ausführlich und mit dem Ton der Rechtfertigung über sein Verhältnis zur Familie Kapp:

»Ich esse in der Regel bei Kapps, aber natürlich für Geld. Die Mittagszeit ist gewöhnlich auch die einzige Zeit, wo ich hinkomme; abends höchst selten. An den Tagen, wo ich Vorlesungen halte, gehe ich nach der Vorlesung mit einigen Zuhörern in ein Kaffeehaus, an den anderen Tagen brachte ich die Abende von 7 oder 8 Uhr an zu Hause mit Arbeit zu.« Hinsichtlich der Unterstellungen wolle er lieber schweigen. »Die Kapps haben alles aufgeboten, um mir mein Hiersein angenehm zu machen; sie haben aus ihrem reichlichen Pflanzen- und Blumenflor meine Stube mit Blumen geziert. Kapp hat mich, der ich nicht einmal meine Bücher hier habe, die ich tagtäglich aufs empfindlichste vermisse, mit seiner

59

Bibliothek aufs freigebigste unterstützt, sie war eine wahre Wohltat.« Kapps Frau Emilie »kocht mir, was sie weiß, das ich am liebsten esse, und Johanna schreibt meine Vorlesungen ab, um sie gleich druckbar zu machen«.[92]

Daß Johanna die Vorlesungen abgeschrieben habe, ist bislang immer nur durch den Feuerbach-Herausgeber Bolin behauptet worden, ohne daß er die Quelle angegeben hätte, und dann als fester Bestandteil des romantisch-tragischen Liebesverhältnisses zu Feuerbach kolportiert worden.

Er muß auch den Anatomen Jacob Henle besucht haben, den er aus naturwissenschaftlichem Interesse heraus geschätzt haben soll. Henle war übrigens selber als Burschenschaftler in Berlin 1835 verhaftet worden. Henle aber habe, wie Gottfried Keller schreibt, als guter Monarchist auf einen Gegenbesuch bei Feuerbach verzichtet, als er hörte, daß Feuerbach bei einem Republikaner wohne und selbst einer sei.[93]

Noch am 23. Oktober steht gar nicht fest, ob es zu den Heidelberger Vorlesungen überhaupt kommen werde:

»Ob ich hier bleibe und Vorlesungen halte, darüber kann ich auch jetzt noch nicht bestimmt entscheiden. Eine bestimmte Entscheidung ist erst möglich, wenn die Zahl der hiesigen Studenten entschieden ist. Bis jetzt ist dieselbe noch geringer. Viele der bereits anwesenden wünschen allerdings dringend, daß ich lese. Aber sie sind noch zu wenig, um die Bedingungen, unter denen ich mich allein zum Lesen verstehe, nämlich pekuniäre Vorteile, zu garantieren. Die Meinungen meiner hiesigen Freunde, nicht unter den Studenten, sondern Dozenten, sind übrigens sehr widersprechend. Die einen raten mir zu lesen, die andern, nicht. Vorgestern besuchte ich den Dr. Friedländer, gestern den Dr. Hettner, einen in den Heidelberger Verhältnissen sehr unterrichteten Mann, aber was jener, beherrscht von dem Wunsche, mich hier zu behalten, behauptete, verneinte dieser, so daß ich über diese mit meinen eignen Ansichten übrigens vollkommen übereinstimmenden Aufklärungen noch heute so verstimmt bin, daß ich kaum des Schreibens fähig bin. Von der badischen Regierung ist gar nichts zu erwarten. Sie ist so hinterlistig, bösartig, unfrei, beschränkt und kurzsichtig, wie nur irgendeine. Ich bin also nur auf mich und die Studenten verwiesen, aber was ist mit diesen, wenn sie nicht durch das Feuer in Wien oder Berlin erleuchtet oder erwärmt werden? Und hat dieses Feuer eine Bürgschaft seiner Dauer und Kraft?«[94]

Ein zweifelnder und verzweifelnder Brief, hin- und hergerissen fühlte sein Schreiber sich und ohne viel Aussicht auf Besserung. Vielleicht war dies der Grund, warum die Feuerbach-Biographen diesen, wie auch einige andere Briefe, nicht abgedruckt haben – kein glänzender und triumphaler Auftritt Feuerbachs auf der Heidelberger Bühne, sondern eher geprägt durch finanzielle Not und Unentschiedenheit. »Wenn Wigand Geld und Lust hat, zu diesem siebenten Band meiner Gesamtausgabe noch einen zu drucken, so schreibe ich diesen Winter noch einen. Aber wo? Ich weiß es noch nicht« – das ist die Kehrseite der freien Schriftstellerei für Feuerbach, und er war sich ihrer wohl bewußt: Den achten Band wollte er schreiben, um sich über Wasser halten zu können! Der achte Band wird aus den »Vorlesungen über das Wesen der Religion« (1851) bestehen.

Abb. 13. Johannes Ruff(?), Der Marktplatz in Heidelberg

Am 29. November 1848 erscheint dann endlich eine Anzeige im »Heidelberger Journal« (Nr. 311):

»Freitag, den 1. December werden die Vorlesungen des Herrn L. Feuerbach über *Religions-Philosophie,* – welche jede Woche am Mittwoch und Freitag von 7–8 Uhr und am Samstag von 6–7 Uhr im Saale des großen Bürger-Ausschusses im Rathhause stattfinden – beginnen. Für Bürger und Studenten liegt die Unterzeichnungsliste in der Buchhandlung des Herrn *Hoffmeister* auf; auch werden hier die Eintritts-Karten für die Unterzeichneten verabfolgt.
E. Haas, V. May, Ad. Hirsch. «

Feuerbachs Heidelberger Vorlesungen sind zu einem markanten Punkt in der Geschichte der Philosophie geworden. Wenn wir die anekdotische Umgebung – Gottfried Keller als Hörer und Johanna Kapp als Geliebte – fortlassen, bleiben zwei schlichte Merkmale übrig, die dieses begründen können, beide sind jedoch Politika ersten Ranges: Die Vorlesungen finden im Rathaussaal statt und nicht in der Universität, und sie werden nicht nur für Studenten, sondern auch für Bürger der Stadt gehalten.

Feuerbach hatte wenige Jahre zuvor das gegenwärtige Schicksal der Philosophie in Deutschland – und eine Kostprobe davon gibt die Heidelberger

Philosophische Fakultät – so beschrieben, als seien Philosophie und Professur der Philosophie absolute Widersprüche. »Dadurch, daß die Philosophie vom Katheder herabgestiegen, ist sie eben äußerlich, faktisch schon über die armseligen Schranken einer Fakultätswissenschaft erhoben, ist sie zur *Sache des Menschen*, des ganzen freien Menschen gemacht. Mit dem Austritt der Philosophie aus der Fakultät beginnt daher eine *neue Periode der Philosophie*.«[95] Die neue Epoche zeigt sich politisch an durch die republikanische Bewegung mit einer Staatsform als Ziel, die die Einheit der deutschen Länder und die Freiheit der Bürger gewährleistet. Feuerbach sieht seine philosophische Position in einem lebendigen Wechselverhältnis mit der Politik seiner Zeit: Wenn Freiheit und Demokratie politisch real werden sollen, muß die Abhängigkeit von einem monarchisch vorgestellten Gott beseitigt werden, indem die Menschen über ihr eigentliches Wesen aufgeklärt werden. Darin sieht Feuerbach seinen praktischen Beitrag zur Politik der Zeit.

Der Saal des Rathauses der Stadt Heidelberg steht für diese Absicht Feuerbachs. Im Protokoll der Ratssitzung vom 13. November ist nüchtern vermerkt:

> »Nr. 1615.
>
> Die Benutzung des großen Ausschußsaales zu Vorlesungen des Philosophen Dr. Feuerbach, auf Bitte mehrerer Akademiker.
>
> Beschluß:
>
> Genehmigt unter der Bedingung, daß für Holz und Licht gesorgt oder dafür entsprechende Entschädigung geleistet werde. Ebenso erwarte man, daß für vollständige Ordnung und Ruhe gesorgt und man sich für jeden Schaden verantwortlich erkläre.«[96]

Die Studenten, vermutlich Haas, May, Hirsch, wenden sich also an die Stadt, nachdem deutlich geworden ist, daß ihnen die Aula der Universität nicht zur Verfügung stehen wird. Bürgermeister Winter, mit dem Feuerbach bereits im Mai 1848 auf einer Vorschlagsliste für die Nationalversammlung auftaucht, sowie der Gemeinderat sind vielleicht nicht ungern bereit gewesen, Universität und Regierung auf diese Weise zu provozieren. Immerhin gibt es zu dieser Zeit heftige Auseinandersetzungen zwischen Universität und Regierung auf der einen und den revoltierenden Studenten auf der anderen Seite. Die Stadt ergreift Partei, indem sie Feuerbach den Rathaussaal zur Verfügung stellt – ein unerhörter Vorgang.

Winter, genannt ›Vater Winter‹, ist als radikaler Demokrat bekannt, der Buchhändler Hoffmeister, bei dem die Listen für die Vorlesungen ausliegen, gehört dem Bürger-Ausschuß an. (Beide werden vom Großherzoglichen Fiskus dann im Juni 1849 mit riesigen Entschädigungsforderungen konfrontiert, weil sie sich zusammen mit anderen Mitgliedern des Rates »mit großem Eifer der Sorge für den Unterhalt der revolutionären Truppen und die

Verpflegung der revolutionären Streitkräfte«[97] befleißigt hätten – Regreßforderungen, ein sicher probates Mittel, um etablierte Bürger zu verfolgen.)

Das zweite Politikum, bereits von der Universität kritisch gegen Feuerbach
angemerkt, liegt darin, daß die Vorlesungen sich als Sache des »ganzen, freien
Menschen« konsequenterweise an alle Bürger wenden. Der Arbeiterbildungsverein Heidelberg, dessen Dankadresse an Feuerbach vom 16. März 1849 als

Abb. 14. Auszug aus dem Protokollbuch des Rates der Stadt Heidelberg.
13. November 1848

Stück Geschichte der Arbeiterbewegung bekannt geworden ist, sieht sich
durch die Vorlesungen in seinem Bildungsinteresse angesprochen: Bildung
verheißt persönliche und politische Freiheit, und Aufklärung ist deren Instrument.[98] In der 24. Vorlesung schreibt Feuerbach programmatisch für seine
Absicht, Menschen über das Wesen der Religion aufzuklären, ein eben zugleich
politisches Ziel:

Wo politische Freiheit mit religiöser Befangenheit und Beschränktheit verbunden seien, sei in Wahrheit persönliche Unfreiheit.

»Ich für meinen Teil gebe keinen Pfifferling für politische Freiheit, wenn ich
ein Sklave meiner religiösen Einbildungen und Vorurteile bin. Die wahre
Freiheit ist nur da, wo der Mensch auch religiös frei ist; die wahre Bildung nur da,

63

wo der Mensch seiner religiösen Vorurteile und Einbildungen Herr geworden ist. Das Ziel des Staats kann aber kein anderes sein, als wahre, vollkommene Menschen [. . .] zu bilden; ein Staat daher, dessen Bürger bei freien politischen Instituten religiös unfrei sind, kann daher kein wahrhaft menschlicher und freier Staat sein. Der Staat macht nicht die Menschen, sondern die Menschen machen den Staat. «[99]

Zusammen mit Christian Kapp nimmt Feuerbach auch – jedenfalls »für einige Stunden« – am Heidelberger Arbeiterkongreß teil, der Ende Januar 1849 im Rathaussaal tagt und das Ziel hat, programmatische Fragen der Politik der Arbeitervereine und deren Zusammenarbeit zu klären. Zum Präsidenten wird Julius Fröbel gewählt, der zusammen mit Feuerbach, Kapp und Winter zur Frankfurter Nationalversammlung vorgeschlagen worden war und den Feuerbach bereits seit längerer Zeit gut kennt. [100]

Es scheint so, als habe Feuerbach nicht bis zum Schluß der Vorlesungen, dem 2. März 1849, im Rathaussaal gelesen. Adolf Hausrath, der 1848 in Heidelberg lebt, behauptet in seiner Biographie des Prorektors Rothe, Feuerbach habe wegen nachlassenden Interesses der Arbeiter »nach dem Hausacker übersiedeln« müssen. [101] Da bislang kein weiterer Beleg gefunden ist, der diese Behauptung sicher stützt oder widerlegt, kann sie nur so mitgeteilt werden. In der Siedlung namens »Hausacker«, östlich des Karlstors gelegen und heute verschwunden, gab es jedenfalls ein größeres Gebäude, das die Heidelberger »Lesegesellschaft« bis 1828 benutzte, auch eine Gastwirtschaft »Hausacker« mit einem großen Saal.

Im Zusammenhang mit der staatlichen Reaktion auf die Aufstände von 1848/49, der politischen »Säuberungsaktion« quer durch alle Bereiche, werden zwei Heidelberger Privatdozenten, Dr. Levita und Dr. Gustav Scheve, genannt, die beide mit Feuerbach engen Kontakt gehabt zu haben scheinen. In einem spitzelhaft verfaßten, vertraulichen Bericht der Stadtdirektion Heidelberg an das Badische Ministerium des Äußern vom 2. Januar 1850 heißt es in Zusammenhang mit der Ausweisung von Levita und Scheve aus Sachsen:

»Dr. Levita lebte hier einige Semester als Privatdozent und war in den Jahren 1848 und 1849 enge mit der Umsturzpartei verbunden. Im Jahre 1848, als der demokratische Verein unter den hiesigen Studierenden aufgelöst wurde, an dessen Spitze er stand«, habe er die Studierenden zum Auszug nach Neustadt angestiftet und sie nach Karlsruhe zu Minister Bekk begleitet. Levita »leitete den Arbeiterverein hier, den er hatte gründen helfen, er wohnte mehreren Arbeiterversammlungen in dem Bartholomaischen Bierhause (großer Garten) bei, hielt dort große Reden an den Handwerkerstand, in denen er ihnen ein besseres Los vorspiegelte [. . .]« Er habe mit Friedländer zusammen für »Die Republik« und den »Volksführer« geschrieben. »Wäre Levita hier geblieben, so hätte er entschieden gleiches Los mit Friedländer geteilt und säße nun auch im Zuchthaus, doch Levita war klüger, er verließ schon 1849 am Donnerstag vor Pfingsten Heidelberg.

Levita half, den Feuerbach hierher [zu] rufen, der dem Volkshaufen gemeinster Rasse seine Irrlehren vortrug, wobei Levita händereibend äußerte: ›So jetzt ist Feuerbach hier und liest, und wenn wir nun den Leuten ihren *Putzenmann*, den lieben Herrgott, noch genommen haben, dann wird und muß es gelingen.‹«

Abb. 15. Wirtschaft zum Hausacker

Und zu Gustav Scheve: Er »ist der Sohn des vor vielen Jahren hier verstorbenen Kaufmanns Scheve, derselbe ist ein intimer Freund und Anhänger von Struve, Feuerbach und deren Partei«.

Scheve habe durch Artikel im Sinne der Umsturzpartei gewirkt, »wie er auch mit dem Feuerbach bei dessen hier gehaltenen Vorlesungen über Religion Hand in Hand ging«.

»Scheves Haus beziehungsweise Logis bei Eisenhändler Wolf und Holzhändler Götzenberger waren ständig Struvens Absteigequartier und der Ort, wo Struve, Feuerbach, Winter und die Freiheitsapostel von außen sich einander sahen.«[102]

Wenn man dem Bericht Glauben schenken darf, dann hat es in Heidelberg engere Verbindungen zwischen Feuerbach, Bürgermeister Winter und Struve gegeben, als bislang bekannt war.[103]

Die Angaben über die Zuhörerzahlen schwanken von 100 bis 350, darunter viele (nicht zahlende) Handwerker, sowohl Meister als auch Gesellen; wohl etwas über 100 tragen sich in die Listen bei Hoffmeister ein. Feuerbach hat sehr viel Mühe, seine Vorlesungen zu halten:

> »Bisher aber war es mir, wenigstens ein paar Mal, so zu Mute, wenn ich auf das Katheder mußte, wie einem armen Sünder, der aufs Schafott muß. Indes sowie ich oben stand, raffte ich mich zusammen; der Gedanke der Notwendigkeit: Du mußt, gab mir Kraft und ich brachte meine Vorlesung, wenn auch nicht zu meiner vollen Befriedigung, glücklich zu Stande und zu Ende.«[104]

In den Vorlesungen wird für politische Flüchtlinge gesammelt, Feuerbach beteiligt sich trotz eigener finanzieller Not. Das Heidelberger »Professorenvolk«, berichtet er, sei aufgebracht wegen seiner »kommunistischen«, auf alle Stände sich erstreckenden Lehrweise.

Henriette Feuerbach, die ihn im Januar 1849 besucht, äußert sich befremdet:

> »Ludwig ist hier, Vorlesungen haltend, nach langem Hin und Herziehen, dem Inhalt nach interessant, wie natürlich, der Form nach zerrissen und nicht gut vorgetragen. Er selbst in hohem Grade verstimmt und verschlossen, und ein Zusammensein mit ihm sehr unerquicklich. Auch sein Äußeres hat sich verändert – ein roter struppiger Republikanerbart zerstört den Adel und die Feinheit seiner Züge und läßt ihn äußerlich mehr einer gewissen Kaste angehörend erscheinen, was ich an seinem so hochstehenden Geist gar nicht liebe, denn am Ende ist die Gemeinheit überall im Troß, rechts oder links.«[105]

Feuerbach wird in Zeitungen heftig angegriffen, und es gibt eine richtige Pressekampagne für und gegen ihn. »Die Republik« (Nr. 218) vom 17. Dezember 1848 schreibt:

> »Als das Gerücht laut wurde, daß der gefeierte Philosoph *Ludwig Feuerbach* hier lehren würde, da krächzten gesinnungslose Organe, das Frankfurter Journal, wie immer, an der Spitze, in die Welt hinein, nicht er, sondern sein Bruder, der Philolog Feuerbach sei hier, damit ja nicht zu viel Jünger zu ihm hinströmen möchten. Nun dies Maneuvre mißlungen, nun seit Anfangs Dezember schon 150 junge Leute, der Kern der hiesigen Studierenden und außerdem ein zahlreiches Philisterium, zu den Füßen des edelsten der Menschen und des kühnsten Denkers sitzen und tief durchschüttert von der Wahrheit seiner Lehre, innig ergriffen von dem Zauber seiner Persönlichkeit, ihm mit der reinsten Hingabe folgen: greifen jene Klatschblätter, aus denen ich die *Karlsruher'in,* die *Deutsche* und das *Frankf. Journal* hervorhebe, zu den Mitteln, welche die einzige Waffe der wissenschaftlichen Schwindsucht und moralischen Ohnmacht bilden, zu Lügen und hundsföttischen Verdächtigungen! – Ein Mann, wie Feuerbach, der nicht blos dem deutschen Volke, sondern der ganzen gebildeten Welt, der Geschichte angehört, gewahrt von seiner Höhe aus derartige Dreckkäfer nicht, die nie aus dem Koth herauskommen, sie mögen sich drehen und wenden, wie sie wollen. Unsere Pflicht aber ist es, die Unterlegung eigennütziger Beweggründe bei unserem Lehrer, wie sie in jenen Blättern bis zum Eckel aufgetischt werden, als infame Lügen und boshafte Verläumdung öffentlich zu brandmarken.«[106]

Gegen Ende der Vorlesungen erscheint im »Heidelberger Journal« (Nr. 32 bis 110 vom 8. Februar bis zum 11. Mai 1849) dann noch ein geschwätziger Aufsatz des schon genannten Gustav Scheve, der später Privatdozent in Heidelberg werden sollte und sich mit abstrusen Psychologismen für und gegen »Feuerbach und die Religion« wendet.

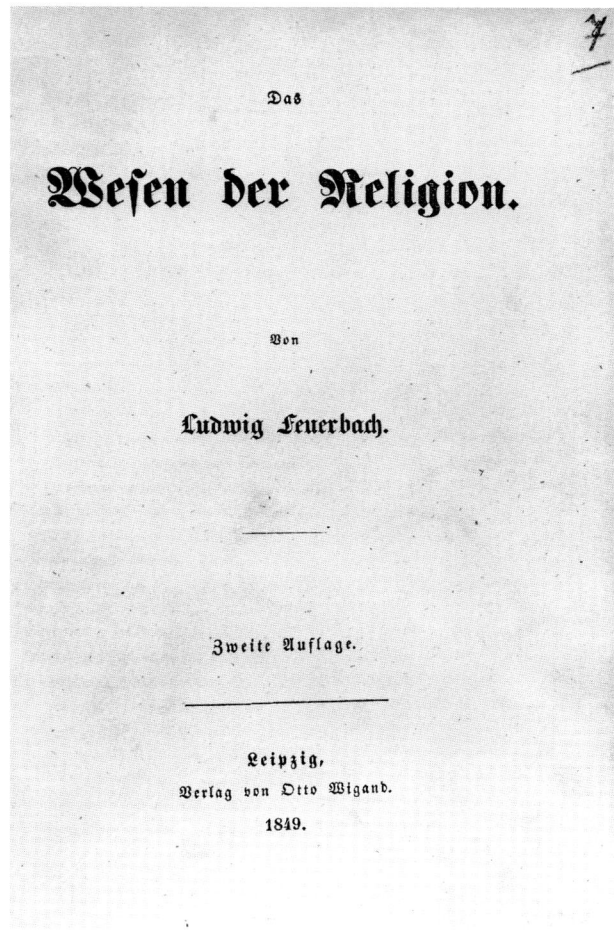

Abb. 16. »Das Wesen der Religion«.
Titelblatt der zweiten Auflage. Leipzig 1849

Es sind schon verschiedentlich Gedanken Feuerbachs aus dem »Wesen des Christentums« und den Heidelberger »Vorlesungen über das Wesen der Religion« an Stellen eingeführt worden, an denen sich inhaltliche Bezüge nahelegten. Feuerbachs Position besteht aus wenigen, grundlegenden Gedanken, die nicht nur eine aufklärende und dadurch befreiende Wirkung auf seine Zeitgenossen gehabt haben, sondern auch entscheidenden Einfluß auf die Entwicklung theologischer Positionen, vor allem des Protestantismus in Deutschland. Feuerbach will die christliche Theologie und das Christentum überhaupt nicht nur kritisch destruieren, sondern in der neuen philosophischen Form einer »religiösen Anthropologie« das erhalten, was die positive Seite von Religion ausmacht: die Potenz von Gefühl, wie Liebe, und das Wesen von Dialog, nun aber von einem als jenseits geglaubten Gott ab- und den Menschen zugewandt, mit Menschen in ihrem hiesigen und jetzigen Zusammenleben gelebt, wobei das Gefühl als Grundzug menschlicher Natur über die Grenzen des einzelnen Subjekts hinaus alle Menschen miteinander verbinde.[107]

In den Vorlesungen beschäftigt sich Feuerbach in Ergänzung zum »Wesen des Christentums« mit der Natur als dem bleibenden Grund der Religion, ihrem fortwährenden, wenn auch verborgenen Hintergrund – Gedanken, die an die Mystik erinnern. Die Natur sei das uns allernächste und noch allerfernste, bekannteste und doch geheimnisvollste, sinnlichste und doch geistigste Wesen.[108]

Die Bemerkungen Feuerbachs zur Natur und zum Verhältnis des Menschen zu ihr klingen gleichwohl modern. Sein Bekenntnis zur Naturreligion, einer mystisch-emotionalen Verbindung mit der Natur, scheint aktuell zu sein:

> »Ich hasse *den* Idealismus, welcher den Menschen aus der Natur herausreißt; ich schäme mich nicht meiner Abhängigkeit von der Natur [. . .] Ich anerkenne nur *ihre* [der Naturreligion] *einfache Grundwahrheit.* Diese Wahrheit ist aber nur, daß der Mensch abhängig ist von der Natur, daß er in Eintracht mit der Natur leben, daß er selbst auf dem höchsten, geistigen Standpunkt nicht vergessen soll, daß er ein Kind und Glied der Natur ist [. . .]« Er fordert, die Natur mit den Augen »erwachsener, selbstbewußter Menschen« zu betrachten.[109]

Der 1846 erschienene Aufsatz über »Das Wesen der Religion« wird für die Zuhörer der Vorlesungen von Feuerbachs Verleger Wigand 1849 noch einmal aufgelegt. An Otto Wigand schreibt Feuerbach deshalb am 28. Dezember 1848:

> »Erst dieser Tage wurde ich wieder von einigen Zuhörern gedrängt, ich möchte doch das ›Wesen der Religion‹, weil das ganze Buch, worin das steht, zu teuer für viele sei, abdrucken lassen. Ich frage Sie daher, ob Sie Lust dazu haben, diese Abhandlung so abzudrucken, daß sie um den geringst möglichen Preis, etwa für 24 Kr. per Stück abgegeben werden kann. Nicht nur bei meinen Zuhörern, auch bei andern Leuten würde diese gar nicht ins größere Publikum gekommne Schrift gewiß einen solchen Absatz finden, daß auch Sie unsre Rechnung dabei finden würden. Aber wenn Sie nicht augenblicklich den Druck veranstalten, wenn Sie nicht so schnell als möglich denselben befördern, wenn Sie nicht die

fertigen Exemplare per Post hieher (an Hofmeister, der alles für mich bei den Studenten besorgt) schicken, so lassen Sie es lieber sein, denn es ist periculum in mora. Kommen die Exemplare nicht Ende nächster Woche hier an, so kann ich sie nicht mehr brauchen.«[110]

Die Bemerkung Feuerbachs, es sei Gefahr im Verzuge und daß er die Exemplare bereits Anfang Januar nicht mehr brauchen könne, ist geeignet, den Hinweis Hausraths zu stützen, Feuerbach habe Grund zur Sorge gehabt, mangels Zuhörern aufgeben zu müssen. Eine geringere Teilnehmerzahl könnte auch den Umzug in den »Hausacker« nahegelegt haben.[111]

Die Sonderdrucke treffen tatsächlich erst ganz am Ende der Vorlesungen in Heidelberg ein.

In diesem verglichen mit den Vorlesungen lesbareren, weil strafferen und konziseren Text betont Feuerbach in bezug auf den genannten Zusammenhang, daß der Mensch in der Natur nur seinen »Geist, seine Phantasie, sein Gemüt, das sich unwillkürlich in die Natur hineinlegt«, wiederfinde, so »die Natur zu einem Symbol und Spiegel seines Wesens« mache,[112] und fordert ein von christlicher Orientierung gereinigtes Verhältnis zur inneren Natur des Menschen wie auch zur ihn umgebenden Natur. Feuerbachs Anthropologie soll die Geheimnisse der christlichen Religion aufdecken, über ihre pathologischen Formen aufklären, um sie zu heilen.[113]

Feuerbachs Ruf als Religionsphilosoph mit politischen Wirkungen stützt sich vor allem auf das »Wesen des Christentums«. Die politisch unruhige Zeit von 1848/49 mit ihren radikal-demokratischen und revolutionären Strömungen geben Feuerbachs Auftritt in Heidelberg nun einen demonstrativen Akzent über das »Wesen des Christentums« hinaus.

Die Reaktionen auf die Vorlesungen reichen von euphorischer Zustimmung bis zu scharfer Ablehnung vor allem durch Theologen.[114] Das Stichwort, das die zustimmenden Reaktionen auf das »Wesen des Christentums« ebenso wie auf die Vorlesungen trifft, heißt »Befreiung«; von Friedrich Engels über Kuno Fischer bis Gottfried Keller: der Bann scheint gebrochen, das System gesprengt, tabula rasa.[115] Gottfried Keller schreibt:

> »Für mich ist die Hauptfrage die: wird die Welt, wird das Leben prosaischer und gemeiner nach Feuerbach? Bis jetzt muß ich des bestimmtesten antworten: nein! im Gegenteil, es wird alles klarer, strenger, aber auch glühender und sinnlicher.«[116]

Das Stichwort »Befreiung« gilt auch für die Entwicklung seines Denkens vom Studienbeginn in Heidelberg an bis zu den Vorlesungen in Heidelberg. Mit Hegel und Daub gegen Paulus und Voß heißt für Feuerbach 1823/24 »freie Selbstauslegung des Begriffs«, »lebendiges Reich des Begriffs« gegen Orthodoxie und Rationalismus. Seine eigene philosophische Position wendet sich im

Namen einer für Feuerbach nicht auf den Begriff zu bringenden menschlichen Natur gegen den von Hegel formulierten Anspruch, Philosophie habe das, was ist, zu begreifen und Begreifen systematisch zu entfalten. Feuerbach appelliert dagegen an die Menschen, die den christlichen Glauben kennzeichnende Spaltung der Menschen aufzugeben und aufzuheben, nicht nur in eine epochal neue »unphilosophische«, unmittelbar wirkende Reflexionsform, sondern in eine lebendige Einheit mit sich und der Natur.

Karl Löwith, einer der klassischen Feuerbach-Interpreten, hat die Meinung vertreten, daß Feuerbach dem systematischen Anspruch der spekulativen Philosophie gerade dadurch entgehe, daß er hinter das Reflexionsniveau seines Lehrers Hegel zurückgehe. Die Frage ist, ob diese These hinreicht, Feuerbachs Absicht vor einer Kritik zu schützen, die darauf hinweist, daß die Berufung auf Natur und Natürlichkeit eben nicht natürlich, sondern in höchstem Grade vermittelt sei, sowohl historisch als eben auch »denkend«. Abgesehen von der Beantwortung dieser Frage, erklären sich jedoch hieraus Feuerbachs zahlreiche Tautologien und sein oft unerträglich pathetischer Stil, von Friedrich Engels in einem Bericht an Karl Marx über »Das Wesen der Religion« als »Meisterstück einer mit Donnerton herausposaunten Tautologie« bezeichnet. Feuerbach muß eine Form der Darstellung wählen, die eher appellativ, sich annähernd, durch mehr poetische Anteile als durch wissenschaftliche Prosa aufklärt, um dem systematischen Anspruch Hegels zu entgehen. Im Gegensatz zu Hegels Begriff von Aufklärung will Feuerbach das aufdecken, was, wie er meint, durch aufklärendes systematisches Denken und Begreifen gerade verdunkelt und verdeckt wird und damit für die Lebenspraxis des Menschen verlorengeht.

Weiter sollte man bei der Lektüre der Heidelberger Vorlesungen nicht vergessen, daß der Adressat der Katholizismus und Pietismus seiner Zeit ist, so daß sich heute die berechtigte Frage stellen ließe, ob Feuerbach tatsächlich noch der Pfahl im Fleische der Theologie sei, wie Karl Barth meinte, wenn sich doch christliches Selbstverständnis und christliche Theologie Feuerbachs Position genähert haben.[117] Was bleibt, ist, daß Feuerbach unser historisches Interesse verdient.

In dem erst 1851 verfaßten Vorwort zu den gedruckten Vorlesungen erinnert sich Feuerbach an die politisch in Anspruch nehmende Zeit in Frankfurt und Heidelberg. Die Vorlesungen seien seine einzigen öffentlichen »Tätigkeitsäußerungen« in der sogenannten Revolutionszeit, er habe den Ausgang der »erfolg- und folglich kopflosen Unternehmungen« der Zeit vorausgesehen und keinen tätigen Anteil nehmen wollen. Die Märzrevolution war – meint er – »noch ein, wenn auch illegitimes, Kind des christlichen Glaubens. Die Konstitutionellen *glaubten,* daß der Herr nur zu sprechen brauche, es sei Freiheit, es sei Recht, so ist auch schon Recht und Freiheit, und die Republikaner glaubten, daß man eine Republik nur zu *wollen* brauche, um sie auch schon ins Leben zu rufen«[118] – selten, Feuerbach so ironisch zu hören, aber im Vergleich mit früheren Äußerungen liegen hinter diesen nachträglichen Rechtfertigungen ein mit Ironie untrennbar verbundenes großes Maß an skeptischem Wissen, mit Unentschiedenheit geschlagen zu sein, und die Distanz des einsamer und abgeschiedener lebenden Feuerbach.

Man scheint ihn gegen Ende seiner Vorlesungen gefragt zu haben, ob er auch im kommenden Semester in Heidelberg lesen wolle, er lehnt jedoch ab. Er werde den hier verlebten Winter nie vergessen. Gleichwohl sei diese »Tat«, die Vorlesungen, kein Verdienst; »denn nur meine Mittellosigkeit brachte mich zu diesem Schritte« – schonungslose Worte, vor allem gegen sich selbst, und vor allem solche, die Feuerbachs innerlichen Abstand zu den politisch handelnden, auch militanten Studenten zeigen.[119]

Feuerbach rechnet denn auch ganz unpolitisch-politisch ab: Einige Studierende, auch von vornehmer Abkunft, haben nicht bezahlt, ansonsten ist er mit seinen Einkünften zufrieden. Heidelberg sei aber kein Ort für ihn, »auch in pekuniärer Rücksicht nicht geeignet zu vorteilhaften Resultaten solcher Vorlesungen, wie ich halte. Denn erstlich ist Heidelberg eine zu kleine Universität [...]; zweitens ein Ort, wo die reichen Studenten gewöhnlich nur dem Vergnügen leben und nur Sinn für ihre Fachkollegien haben«.

Am 2. März schließt er erleichtert seine Vorlesungen, wie er sagt, »unter dem größten Beifallssturme«.[120] Und danach?

10 | Danach

Feuerbach wollte vor den Heidelberger Vorlesungen nach Paris gehen, an die Quelle der Revolution sozusagen, alles hinter sich zurücklassen, noch einmal aufbrechen »ohne Weib, ohne Kind, ohne Bücher, ohne ...«.[121] Nach den Vorlesungen denkt er daran, mit Hilfe von Friedrich Kapp in das »jugendliche Amerika« auszuwandern. Beides ist Traum geblieben.[122] Johanna Kapp geht nach München, um dort bei Bernhard Fries zu malen, einem der Heidelberger Zuhörer Feuerbachs und Porträtisten von Adolph Hirsch. Am 3. März 1850 schreibt Feuerbach seinem Freund Friedrich Kapp:

> Ich gehe »nach dem Interim einer Vorlesung auf ein deutsches Dorf; Du beginnst
> ein neues Leben, und ich fange ganz im Einklang mit der deutschen ›Revolution‹
> wieder das alte Leben an; Du gehst der Zukunft entgegen, und ich sinke wieder
> tiefgebeugt in die Vergangenheit zurück; Du Glücklicher segelst jetzt selbst in
> das jugendliche Amerika hinüber, und ich sitze auf dem Mist des alterfaulen
> Europa«. Und dann noch: »Johanna, wie Du wissen wirst, ist jetzt in München.
> Ich habe sie aber noch nicht dort besucht.«[123]

Feuerbach zieht sich nach Bruckberg zurück, vereinsamt und wohl auch verbittert, schreibt noch, aber ohne große öffentliche Wirksamkeit – seine Zeit der unmittelbaren Teilnahme am öffentlichen philosophischen und politischen Leben ist vorbei.

Und die studentischen Akteure aus Heidelberg? Immerhin sind sie es gewesen, die Feuerbach nach Heidelberg geholt haben, auch wenn es ihnen sicher nicht allein um die Gedanken Feuerbachs ging, sondern auch darum, seinen Ruf als Philosoph für ihre radikal-demokratischen politischen Ziele nutzbar zu machen.

Abb. 17. Silhouette Friedrich Kapps.
Heidelberg 1843

Da das historische Interesse sich mehr an die großen Figuren zu heften scheint, soll wenigstens das skizziert werden, was von Adolph Hirsch, Valentin May, Alexander Spengler und Eduard Haas, den »... et Cons.« also, (bisher nur den Akten) bekannt ist.

Ihre Spuren finden wir in den Polizeiakten, den Unterlagen der »Geheimen Dienste« für das Jahr 1849: Fast alle, die näher mit Feuerbach zu tun haben, nehmen an den Aufständen im Sommer 1849 in Baden und der Rheinpfalz teil. Zu den schon Genannten kommt noch der Student P. Alfred Michel aus

Bamberg. Mit Michel und seiner Familie hat Feuerbach seit längerem intensiven Kontakt. Er bemüht sich sogar bei Wigand, drei Aufsätze von ihm veröffentlichen zu lassen.[124]

Adolf Hirsch aus Halberstadt, 18 Jahre alt, Philosophiestudent in Heidelberg, der während der Vorlesungen an Gesprächsrunden im Hause Kapp teilnimmt und mit Feuerbach und Moleschott diskutiert,[125] der 1848 auf dem Schloßhof in Heidelberg eine Rede anläßlich der Erschießung von Robert Blum hält, der wegen Verbots des Demokratischen Studentenvereins zusammen mit Friedländer, Levita, Spengler, May und anderen den Minister Bekk in Karlsruhe mit einem Ultimatum belästigt – wird, nachdem der Großherzog Leopold von Baden das Land hatte verlassen müssen, von der provisorischen Regierung Brentano (Mai 1849) laut »Verzeichnis der Leiter und Beamte des Aufstandes, soweit sie aus den Regierungsblättern der Revolutionszeit und den Zeitungen zu ermitteln sind«, vorgesehen für »Civilbesetzung«, also die Verwaltung der neuen Regierung.[126] Er scheint nach dem Zusammenbruch des Aufstandes 1849, wie viele andere auch, in die Schweiz geflüchtet zu sein, denn er arbeitet 1859 in Neuchâtel als Astronom, wird Direktor der dortigen Sternwarte und veröffentlicht naturwissenschaftliche Vorträge (1881).

Valentin May aus Frankfurt a. M., 22 Jahre alt, Jurastudent in Heidelberg, bei fast allen Unternehmungen Hirschs (Verein, Aula, »Berufung«) dabei, taucht als Anwalt May aus Heidelberg in der Funktion eines »Civil-Commissaers« für Ladenburg in der genannten Liste auf,[127] übrigens zusammen mit dem schließlich ebenfalls nicht unerheblich in die Feuerbach-Affaire verwickelten Bürgermeister Winter, der als »Ober-Commissaer« für die neue Regierung arbeiten soll.

Unser »Mai« aus Frankfurt a. M. wird genannt als Nr. 253 der gedruckten »Anklag-Akte, errichtet durch die k. General-Staatsprokuratur der Pfalz, nebst Urteil der Anklagekammer des k. Appellationsgerichtes der Pfalz in Zweibrükken vom 29. Juni 1850, in der Untersuchung gegen Martin Reichard, entlassener Notär in Speyer, und 332 Consorten, wegen bewaffneter Rebellion gegen die bewaffnete Macht, Hoch- und Staatsverrats etc.« (Zweibrücken 1850): »[. . .] daß er sich derselben Theilnahme dadurch schuldig gemacht, daß er als Freischärler und Adjutant des Beschuldigten Völker fungirte, Antheil an dem Raubzuge auf die Mörlheimer Mühle nahm, Verhaftsbefehle gegen Peter Klohmaier und Karl Schenk, die vollzogen wurden, und Requisitionen aller Art erließ.«[128] Valentin May ruft im Mai 1849 mit anderen die Studierenden zum Kampf gegen die preußischen Truppen in der Rheinpfalz auf.[129] Die Akten vermerken noch, daß er als Gefangener in Fort A in Rastatt sitze.[130]

Ganz ähnliche Spuren finden wir von Alexander Spengler; er, Eduard Haas und P. Alfred Michel machen Karriere als Revolutionäre, nehmen am bewaffneten Kampf teil und werden steckbrieflich verfolgt.

Alexander Spengler aus Mannheim, 20 Jahre alt, Vater Lehrer, Medizinstudent in Heidelberg, war Teilnehmer am Wartburgfest 1847, beteiligt sich am badischen Aufstand im Mai 1849; er soll beim Ausbruch des Aufstandes eine Akademische Legion bilden,[131] hat wohl eine Adjutantenstelle bekleidet und gegen die Reichstruppen bei Kaiserthal gekämpft. Spengler flieht wie Hirsch in die Schweiz. Am 27. Mai 1850 wird in Mannheim bekanntgemacht, daß Spengler, Soldat des 4. Infanterieregiments, desertiert sei.[132] Das badische Ministerium des Äußern beantragt, Spengler als badischen Flüchtling aus der Schweiz auszuweisen: Spengler baut nämlich in Zürich eine »Organisation der deutschen Arbeiter zu revolutionären Zwecken«[133] auf und führt den Schriftwechsel des Flüchtlingsunterstützungskomitees in der Schweiz.[134] Spengler zählt zu den »eingefleischten Hochverrätern«, will eigentlich nach Amerika auswandern, wie Friedrich Kapp, studiert dann aber in Zürich Medizin, um sich später dort niederzulassen.[135] Sein Steckbrief (1852) lautet:

> »Derselbe ist 24 Jahre alt, von schlanker Statur, 5'7''3''' groß; hat rötliche Haare, braune Augen, kleine Nase und blasse Gesichtsfarbe« – er sei »einer der rührigsten und tatendurstigsten Flüchtlinge«.[136]

Spengler beschreibt diese Zeit in einer autobiographischen Notiz so:

> »In Folge der im Frühjahr 1849 neu eingeführten außerordentlichen Konskription wurde er als Rekrut im 4ten badischen Infanterieregiment eingezogen und beim Ausbruch der Revolution von seiner Kompanie zum Leutnant gewählt. Von General Sigel in den Generalstab berufen, war er an sämtlichen Gefechten um die Bergstraße, in der Schlacht bei Waghäusel beteiligt und wurde dann von Rastatt aus zu Oberst Merci, welcher die Verteidigung der Murglinie leitete, als Ordonnanzoffizier beordert. Nachdem auch hier wieder vor der Übermacht zurückgewichen werden mußte, orientierten sich die entmutigten Truppen unter der Führung von Oberst Merci wohl langsam mehr und mehr rückwärts und gelangten schließlich an den Rhein, wo sie bei Säckingen denselben überschreitend auf Schweizer Gebiet übertraten.«[137]

Spengler macht dann wie Hirsch eine ganz bürgerliche Karriere: Er begründet die Höhenluftbehandlung für Lungentuberkulose und damit den Ruf von Davos als Heilort. Er schreibt auch: Über die Landschaft Davos als Heilort für Lungenschwindsucht (Basel 1869).

Eduard Haas aus Landau, 24 Jahre alt, Jurastudent in Heidelberg, beteiligt sich am bewaffneten Aufstand in der Pfalz (Mai/Juni 1849). Er wird gesucht als »Rebellenhauptmann«, der »Gewaltsamkeiten und Reibereien« verübt habe, steckbrieflich verfolgt wegen Hochverrats.[138] Haas sei mit dem Reichskommissar Franz Raveaux in Verbindung und liefere Artikel für aufrührerische Schriften.[139] Er sei Adjutant bei einem Hauptmann (wohl Fries) der Pfälzer Legion gewesen, dann Schriftführer der »Provisorischen Regierung mit diktatorischer Gewalt«, der Brentano-Regierung also, taucht folglich in der schon genannten Liste zusammen mit Hirsch, May, Winter auf.[140]

Die Zweibrückener Anklageschrift, durch die Valentin May angeklagt wird, führt unter Nr. 102 auch Eduard Haas auf: »daß er sich derselben Theilnahme

Abb. 18. Alexander Spengler (mittlere Reihe, Nr. 50). Heidelberg

dadurch schuldig machte, daß er Hauptmann einer Freischaar war, mit seinem Corps Exekutionszüge in Gemeinden zur Brechung der Renitenz machte, den Einwohnern von Impflingen das Verbot des Einbringens von Lebensmitteln in seine Vaterstadt Landau aufs Strengste einschärfte, gewaltsam durch sein Corps

75

Waffen und Lebensmittel wegnehmen und Vorspann erzwingen ließ, mit Bewaffneten in Steinweiler die Postwägen anhielt und untersuchte und einzelne Paquete in Beschlag nahm, persönlich und gewaltsam in Steinweiler Waffen wegnahm, mit seinem Corps bei Eusersthal Triftholz wegnahm und verbrannte, auch eine Depesche des Festungskommando's Landau an jenes in Germersheim gewaltsam weggenommen hat«.[141]

Eduard Haas muß nach Frankreich flüchten, wird in Straßburg und Dijon gesehen.[142] Er soll auch unter falschem Namen (Johann Schwerth) im Schwertwirtshaus in Sulzfeld/Eppingen verhaftet worden sein.[143] Sein Steckbrief im Allgemeinen Polizei-Anzeiger vom 25. Februar 1852 lautet:

»Statur: schlank; Größe: 6'2''; Haare: braun; Stirn: gewölbt; Nase: dick; Kinn: rund; Gesicht: oval, bleich.«[144]

Peter Alfred Michel aus Bamberg, 23 Jahre alt, Heidelberger Student, besucht Feuerbach im November 1847 in Frankfurt. Er ist zusammen mit Karl Blind, dem militanten Radikalen, 1844 in Heidelberg immatrikuliert. Beide sind Mitglieder der radikalen Studentenvereinigung »Neckarbund«. Der damalige Kurator schreibt 1846 über diese Studenten: Sie seien in politischer Beziehung Republikaner; in sozialer: Sozialisten; in religiöser: Atheisten. Karl Blind und Gustav Struve werden gemeinsam im März 1849 in Freiburg wegen Anstiftung zum Aufruhr angeklagt. Feuerbach bemüht sich im März 1848, Aufsätze Michels zu veröffentlichen (»Über die deutsche Presse 1847«, »Vergleichung der bayerischen und badischen Kammern«, »Über die 3-Fabrikenfrage in Baden«).[145] Michel besucht den Dichter Georg Herwegh in Straßburg,[146] gibt am 1. Dezember 1848 als Redakteur ein Probeblatt der Zeitschrift »Die Revolution« in Biel heraus, eine Zeitschrift, die am 9. Januar 1849 bereits aufgrund politischen Drucks in »Die Evolution« umbenannt werden muß.[147] Aus Biel wird Michel laut Bericht vom 11. Januar 1849 ausgewiesen.[148] Am 23. Juni 1849 fordert er in einer Proklamation die Arbeiter zum Beitritt in das deutsche Volksheer auf, am 6. Juni läßt Brentano nach ihm fahnden, am 25. Juni 1849 kämpft Michel bei Durlach mit der Arbeiterlegion gegen die Preußen.[149] In einem Bericht vom 13. Dezember 1849 heißt es:

»Hier reiht sich der berüchtigte Literat Alfred Michel aus Bamberg [ein], der im Winter vorigen Jahres in den hiesigen Arbeitervereinen tätig war, zu dem am 1. März d. J. entdeckten Komplotte gehörte, arretiert wurde, auch bei dem letzten Aufstande wieder hier erschien und von der sogenannten provisorischen Regierung selbst später steckbrieflich verfolgt wurde.«[150]

Sein Steckbrief lautet:

»Literat Alfred Michel; Alter: 32–36 Jahre [?]; Größe: 5'5''; Statur: schlank; Haare: braun; Gesichtsform: mager; Gesichtsfarbe: gesund; Stirn: hoch; Augen:

Abonnementspreis:
Jährlich im bernischen Postkreis L. 3 Bg. 5
Halbjährl. „ „ „ 1 „ 8
Vierteljährlich „ „ „ — „ 7
Man abonnirt für die Schweiz und Deutschland
auf allen Postämtern. Für Frankreich, England
und die überseeischen Länder bei Hrn. G. A.

Alexander in Straßburg, Brandgasse Nr. 28,
und in Paris, rue Notre-Dame de Nazareth,
Nr. 29.
Einrückungsgebühr:
Die Petitzeile oder deren Raum 4 Bazen.
Briefe und Gelder franko.

Die Revolution.

Ein politisches Wochenblatt, Organ der Gesellschaft „Hilfdir".

Bei wichtigen Ereignissen erscheint ein Vorläufer

Nro 1
Probeblatt.

Biel, 1848.   Erster Jahrgang.   Freitag, den 1. Dezember.

Verantwortlicher Redaktor u. Verleger J. Ph. Becker.   Lithographie und Buchdruckerei von J. M. Benz.

Die fortschreitende Verkümmerung der vorläufigen Volksrechte in Deutschland und anderwärts, hat uns bestimmt einen längst gehegten Plan, die Gründung eines Organs der in der Schweiz und überhaupt in der Fremde wohnenden deutschen Democraten auszuführen.

Der theilweise Sieg der Reaction, welche noch nicht so befestigt ist, um durch eine gut berechnete Amnestie einen Theil ihrer verbannten Feinde unschädlich zu machen, mehrt fortwährend die Zahl der Exilirten, denen sich die zufällig in der Schweiz und Frankreich lebenden Democraten aller Stände, zumal der Arbeiterstand täglich inniger anschließen. Diesen Anschluß zu beschleunigen, das Zusammenwirken zu befördern wird eine, der Hauptaufgaben dieses Organs sein, wie es eine der Motive seiner Gründung ist.

Wir werden es mit dem ersten Januar kommenden Jahres, unter dem Titel:

Die Revolution,

für's erste wöchentlich 1 Mal erscheinen lassen und glauben seine Tendenz nachfolgend genügend zu caracterisiren.

Haupt-Aufgaben:

Unerbittlicher Kampf gegen das Fürstenthum, seine Repräsentanten und Lakaien.

Vernichtung der Pfaffen-Gewalt und Verbreitung einer vernünftigen Welt-Anschauung.

Entschiedene Vertretung der Interessen der sogenannten untern Volksklassen.

Bekämpfung der National-Vorurtheile wo wir sie treffen mögen.

Verbreitung der Idee, einer Völker-Association, einer brüderlichen Vereinigung der republikanischen Partheiführer aller Länder.

Die Revolution wird in diesem Sinne ein Organ der ganzen democratischen Weltbewegung sein; wir werden aber geleitet, von der Ueberzeugung, daß die Völker erst dann wirklich Freunde sein können, wenn sie frei sind, nie das Nächste über dem Fernen vergessen und uns hüten, die große Idee des Cosmopolitismus zu einer Liebhaberei herabzuwürdigen, indem wir das politische Wirken in nächster Umgebung darüber vernachlässigen.

Innerhalb dieses, durch obiges Programm bezeichneten Wirkungskreises, haben wir uns zur Aufgabe gemacht, auf Einigung aller republikanischen Partheien, hinzuwirken, und nur in diesem Sinne zu schreiben.

Nicht Verwischung, nicht Versöhnung wesentlicher Verschiedenheiten, sondern nur vorläufige Einigung, Vermeidung, einer störenden literarischen Polemik über Fragen welche die nächste Zukunft practisch und hoffentlich genügend lösen wird, ist unsere Absicht.

Zuerst die bewegliche Form der Republik, die Bewegung wird dann von selbst kommen.

Wer aber, wie dieß leider schon geschehen ist, den Anfang verdirbt, weil er das Ende nicht in der Hand hat, ist nicht nur ein Feigling, er ist ein Verräther!

Da wir Leser aus allen Ständen zu erwarten haben, dabei aber vorzugsweise die Hebung des Arbeiterstandes beabsichtigen, wollen wir uns bemühen immer populair ohne trivial und erschöpfend ohne unverständlich zu sein.

Leidenschaftslosigkeit, olympische Ruhe, versprechen wir nicht, denn wir bringen zu diesem Werke, allen Haß und alle Liebe, einer Parthei welche zu beiden Gründe, zu beidem Muth genug hat.

Hervorragende Talente in Deutschland, der Schweiz, Frankreich und Italien sind für das Unternehmen gewonnen. Die Post-Verbindungen Biel's sind dem Unternehmen günstig, Korrespondenzen sind uns aus allen Hauptstädten zugesichert.

Die Redaction.

J. Ph. Becker, Alfred Michel.

An das deutsche Volk.

Sie klagten es der bangen Welt, St. Stephans dumpfe Glocken:
Der Löwe kämpft den letzten Kampf mit den dressirten Doggen,
Der Ungarsäbel kommt zu spät, er scheut den letzten Strauß,
Und auch die deutsche Bruderhand, das deutsche Schwert bleibt aus.
Die Meute siegt, der Löwe fällt. — Von Niemand aufgehalten
Hat des Croaten Jaragan das deutsche Haupt gespalten,
Und schaurig hört der wilde Feind, der scheu den Helden naht,
Den letzten Seufzer seiner Brust, den letzten Fluch Verrath!

Abb. 19. »Die Revolution«. Probeblatt vom 1. Dezember 1848

braun; Nase: spitz gezogen: Bart: braun, langer Kinnbart; Mund: klein; besondere Kennzeichen: zieht bei gebücktem Gange, die Achseln hinauf; und bewegt den Kopf gegen dieselbe.«[151]

Michel ist Generalstabsadjutant und findet sich auch auf unserer immer länger werdenden Liste mit Hirsch, May, Winter, Haas.[152] Im Juni 1849 ist er Adjutant bei Becker.[153] Michel gehört dem von Gustav Struve, dem radikalen Redakteur aus Mannheim – und uns als Besucher des Hauses Scheve zusammen mit Feuerbach und Winter bereits bekannt – gegründeten »Klub des entschiedenen Fortschritts« an, wird Platzkommandant von Karlsruhe, von Brentano gefürchtet und verfolgt.[154] Dr. Alfred Michel reist mit einem Genfer Paß unter einem zweiten Namen Michel Raulino.[155] Am 30. Juni befehligt er badische Volkswehr, die den Reichstruppen eine mecklenburgische Haubitze abnimmt, und fällt bei Oos.[156]

Und am 31. August 1849 beglückwünscht die Universität Heidelberg den Großherzog Leopold zur Rückkehr in seine Karlsruher Residenz.[157] Die Badische Revolution ist beendet und scheinbar alles wieder beim alten. Natürlich blieb es nicht beim alten; wie es nie beim alten bleibt, auch wenn Feuerbach sein altes Leben wieder aufnimmt. Und das Danach geht weiter als bis zum Jahr 1849.

Anmerkungen

1 Herbert DERWEIN, Heidelberg im Vormärz und in der Revolution 1848/49. Ein Stück badischer Bürgergeschichte (= Neue Heidelberger Jahrbücher NF; Jahrbuch 1955/56). Heidelberg 1958; Hans Martin MUMM, Der Heidelberger Arbeiterverein 1848/49. Heidelberg 1988; Mumm verdanke ich zahlreiche Hinweise. Vgl. auch Wilhelm BLOS, Badische Revolutionsgeschichte aus den Jahren 1848 und 1849. München 1910. Zur Stellung der Universität innerhalb der Revolutionsereignisse: Ferdinand HAAG, Die Universität Heidelberg in der Bewegung 1848/49. Phil. Diss. Heidelberg 1934, Eberbach a. N. 1934.

2 Die Akten der Philosophischen Fakultät befinden sich im Universitätsarchiv Heidelberg, H IV-102/44 (zit.: UA); weiter werden benutzt Akten des Generallandesarchivs Karlsruhe (zitiert: GLA), vor allem GLA 235/588, 625 sowie Schriftgut im Stadtarchiv Heidelberg (zit.: StadtA HD). Den Mitarbeitern der Archive sei für ihre Hilfe gedankt, besonders Herrn Heinrich Raab aus Karlsruhe, einem ehemaligen Mitarbeiter des GLA, ohne dessen langjährig erarbeitete Personaldatei viele der in den Akten versteckten Informationen nicht hätten beigezogen werden können. Aus den bisher unveröffentlichten Akten und Briefen zitiere ich umfänglich, um sie den an Feuerbach und der Badischen Revolution Interessierten zugänglich zu machen. Archivalische Quellen werden in heutiger Rechtschreibung und Zeichensetzung wiedergegeben, Zitate aus Druckschriften bleiben unverändert. – Der Stadt Heidelberg danke ich dafür, daß sie den Druck des Manuskripts durch die Aufnahme in die »Schriftenreihe des Stadtarchivs Heidelberg« ermöglicht hat. Dem Leiter des Stadtarchivs, Herrn Dr. Benl, danke ich für seine Hilfe bei der Drucklegung, seiner Mitarbeiterin Frau Weber für Hilfe bei der Archivalienvorlage.

3 Karl Alexander Freiherr von REICHLIN-MELDEGG, Heinrich Eberhard Gottlob Paulus und seine Zeit, nach dessen literarischem Nachlasse, bisher ungedrucktem Briefwechsel und mündlichen Mittheilungen, 2 Bde. Stuttgart 1853, Bd. 2, S. 154.

4 Ludwig FEUERBACH, Sämtliche Werke. Neu hg. von Wilhelm Bolin und Friedrich Jodl. Bde. 1–10, Stuttgart 1903–1910, Bde. 11 und 12/13 (Ergänzungsbände 1 und 2/3), Stuttgart 1962 und 1964 (zit.: SW), Bd. 12, S. 222 ff.

5 Vgl. Erich THIES, Zur Einführung in die Erlanger Vorlesungen. In: Ludwig Feuerbach, Schriften aus dem Nachlaß. Hg. von Erich Thies. Bd. 1. Darmstadt 1974, S. XIV–XXXVIII.

6 Ludwig FEUERBACH, Gesammelte Werke. Hg. von Werner Schuffenhauer. Berlin 1967 ff. (zit.: GW), Bd. 17, S. 35.

7 GW, Bd. 17, S. 22.

8 GW, Bd. 17, S. 22 f.

9 GLA 233/1724.

10 Ferdinand HERBST, Ideale und Irrthümer des academischen Lebens in unserer Zeit, oder der offene Bund für das Höchste im Menschenleben, zunächst für die teutsche studierende Jugend, Stuttgart 1823, S. XVIII.

11 Herbst, Ideale (wie Anm. 10), S. 208 f.

12 GLA 233/1776 (Central-Untersuchungs-Commission, Mainz, »Über den Fortbestand der Burschenschaft auf der Universität Heidelberg nach dem Bundestagsbeschluße vom 20. Sept. 1819«).

13 GW, Bd. 17, S. 392.

14 GLA 233/1781, § 980 (fol. 359, 361).

15 GW, Bd. 17, S. 443.

16 GLA 233/1776.

17 Ruge hat dort jedenfalls Karl Feuerbach getroffen; siehe GW, Bd. 17, S. 360.

18 GLA 233/1781 (fol. 140, 361)und 233/1776 (fol. 67 f.).

19 GLA 233/1726 (fol. 6), auch 233/33 562 und 1724.

20 Vgl. Hans-Martin SASS, Ludwig Feuerbach in Selbstzeugnissen und Bilddokumenten. Reinbek 1978, S. 31.

21 Siehe Ludwig FEUERBACH, Schriften aus dem Nachlaß. 3 Bde. Hg. von Erich Thies. Darmstadt 1974–1976.

22 Vgl. Sass, Feuerbach (wie Anm. 20), S. 39.

23 SW, Bd. 13, S. 159.

24 Vgl. Herbert DERWEIN, Das goldene Waldhorn, Neuenheimer Landstraße 18. In: Heidelberger Fremdenblatt. Jg. 1960/61, Ausgabe 12 vom 15. Sept. 1960. Zu Christian Kapp: August KAPP, Briefwechsel zwischen Ludwig Feuerbach und Christian Kapp. Leipzig 1876.

25 GW, Bd. 17, S. 230 f.

26 Hans-Martin SASS, Ludwig Feuerbach und die Zukunft des revolutionären Humanismus. Vortrag im Zentrum für Interdisziplinäre Forschung in Bielefeld, 8.–14. Oktober 1989 (ungedruckt). Es war bisher nicht bekannt, daß Feuerbach einen unehelichen Sohn hatte.

27 SW, Bd. 13, S. 31.

28 Kapp schreibt im April 1840 ein umfangreiches Gutachten über Feuerbach wegen einer (wohl naturwissenschaftlichen) Professur an der Universität Freiburg (siehe SW, Bd. 13, S. 34–39); laut Auskunft des Universitätsarchivs Freiburg sind Unterlagen hierzu nicht vorhanden. Kapps Versuche, Feuerbach nach Heidelberg berufen zu lassen, müssen schon daran scheitern, daß er selbst seit 1842 in Streit mit Fakultät und Universität liegt (GLA 205/314).

29 SW, Bd. 13, S. 67.

30 SW, Bd. 12, S. 105.

31 Vgl. Derwein, Das goldene Waldhorn (wie Anm. 24) und Herbert DERWEIN, Hoffmann von Fallersleben und Johanna Kapp. Begegnung in Heidelberg. O.O., o.J. [1956].

32 Vgl. Gertrud KINDLER, Das vergessene Grab einer Heidelberger Dichterliebe. In: Heidelberger Neueste Nachrichten vom 19./20. April 1941, S. 3.

33 Hermann HETTNER schreibt später eine Skizze über Feuerbachs Vorlesungen unter der Rubrik »Aus Heidelberg, im November« (anonym) in: Freie allgemeine Kirchenzeitung. Hg. von Ludwig Noack. Jg. 1 (1848/49) Nr. 15 (Nov. 1848), S. 118 f. Abgedruckt in: Der Briefwechsel zwischen Gottfried Keller und Hermann Hettner. Hg. von Jürgen Jahn. Berlin, Weimar 1964, S. 197 ff. Die von Hettner vorgenommene Datierung des Anfangs der Vorlesungen ist wohl frei erfunden; vielleicht hat er seinen Text gedichtet, bevor die Vorlesungen anfingen. Hettner gehört auch zu der Delegation, die in Karlsruhe gegen das Verbot des Demokratischen Studentenvereins protestiert.

34 Vgl. Edith LENEL, Friedrich Kapp 1824–1884. Ein Lebensbild aus den deutschen und den nordamerikanischen Einheitskämpfen. Leipzig 1935, S. 37, Anm. 1. Frau Gabriele Kirschner (Heidelberg) aus der Familie Friedrich Kapps verdanke ich zahlreiche Hinweise.

35 Feuerbach und Friedrich Kapp redigieren gemeinsam die Christian Kapp plötzlich in den Mittelpunkt allgemeinen Interesses rückende Erklärung über: Die Gründe meines Austritts aus der Nationalversammlung. Ein Sendschreiben an meine Wähler. Darmstadt 1848.

36 Zum Verständnis der Funktionen: Der Kurator vertritt die Regierung an der Universität. Rektor ist der Landesherr, Prorektor ein Ordinarius (zuerst Karl Heinrich Rau, dann Richard Rothe), der auch dem Akademischen Direktorium vorsteht. Darüber hinaus gibt es wie heute den Engeren Senat und die Fakultäten. Das Ministerium des Innern in Karlsruhe ist zu der Zeit für die Universitäten zuständig.

37 GLA 235/588 (es handelt sich um einen zusammenhängenden, nicht paginierten Faszikel mit der Bezeichnung »Großh. Bad. Universität Heidelberg. Curatorium. Die Berufung eines Lehrers der Philosophie«).

38 GLA 235/588.

39 GLA 235/588.

40 GLA 235/588.

41 GLA 235/588.

42 UA H IV–102/44 (fol. 152).

43 GLA 235/431 (fol. 200 f.). Vgl. auch Derwein, Heidelberg im Vormärz (wie Anm. 1), S. 61 f.

44 GLA 235/30061; zur Gründung des Vereins und zum Anschlag vgl. Adolf HAUSRATH, Richard Rothe und seine Freunde. Berlin 1906, S. 115 ff.

45 GLA 235/30061; s. auch: Heidelberger Journal Nr. 190 vom 13. Juli 1848.

46 Gottfried KELLER, Briefe und Tagebücher. Hg. von Emil Ermatinger. Stuttgart, Berlin 1916, Bd. 2, S. 220.

47 Ludwig FEUERBACH, Werke in sechs Bänden. Hg. von Erich Thies. Frankfurt 1974–1976 (zit.: WA), Bd. 5 (»Wesen des Christentums«), S. 31.

48 Vgl. Werner SCHUFFENHAUER, Ludwig Feuerbach im Revolutionsjahr 1848. In: Philosophie – Wissenschaft – Politik (Schriften zur Philosophie und ihrer Geschichte; 35). Berlin 1982, S. 189 ff.

49 GLA 52 N v. Freydorf Nr. 25 (fol. 21–22v); vgl. auch: Die Republik Nr. 40 vom 13. Mai 1848.

50 SW, Bd. 12, S. 114, auch GW, Bd. 19, Brief Nr. 577. Die Briefe dieses Bandes der GW können nur in dieser Weise zitiert werden, da der Band noch nicht gedruckt vorliegt.

51 GLA 48/5457 (fol. 34–36).

52 GW, Bd. 19, Brief Nr. 581 (an Bertha vom 24. Mai 1848).

53 SW, Bd. 13, S. 163 f.

54 GLA 235/30061.

55 GLA 235/30061.

56 GLA 235/30061.

57 SW, Bd. 13, S. 165.

58 Hausrath, Rothe (wie Anm. 44), S. 122.

59 UA H IV–102/44 (fol. 227v) (Protokoll der Philosophischen Fakultät vom 23. Dezember 1848). Reichlin-Meldegg wird in seinem Gutachten darauf hinweisen, daß ein Mitglied einer anderen Fakultät die Studierenden wegen der Berufungsgeschichte durch Anschlag am Schwarzen Brett zu einer »konfidentiellen Mitteilung« eingeladen habe.

60 SW, Bd. 13, S. 165 f. Am 8. August hat Feuerbach noch daran gedacht, im Winter nach Wien zu gehen, um dort, wie er sagt, »vor Krethi und Plethi, d. h. vor einem gemischten Publikum, freie Vorträge zu halten«. Dieser Plan wird durch die Einladung nach Heidelberg hinfällig (s. GW, Bd. 19, Briefe Nr. 594 [an Otto Wigand] und 596 [an denselben vom 16. August 1848]).

61 SW, Bd. 13, S. 166.

62 GLA 235/588.

63 Vgl. SW, Bd. 12, S. 119 f.

64 GLA 235/588: Kurator an das Akademische Direktorium vom 1. November 1848.

65 UA H IV–02/44 (fol. 197).

66 Vgl. hierzu Mumm, Heidelberger Arbeiterverein (wie Anm. 1), S. 63, S. 73 ff.

67 GLA 235/588.

68 GLA 235/625 (es handelt sich um einen zusammenhängenden, nicht paginierten Faszikel mit der Bezeichnung »Großh. Bad. Universität Heidelberg. Curatorium. Disciplinaria. Der democratische Studentenverein«): Ministerium des Innern an den Kurator vom 1. Oktober 1848.

69 GLA 235/625.

70 GLA 235/625. Die Aula der Universität zu Berlin dient laut Beschluß vom 10. November 1848 der preußischen Nationalversammlung als Zufluchtsort. Dazu Heide THIELBEER, Universität und Politik in der Deutschen Revolution von 1848. Bonn 1983, S. 96.

71 Vgl. Derwein, Heidelberg im Vormärz (wie Anm. 1), S. 67 und 75 und Heidelberger Journal Nr. 101 vom 12. April sowie Nr. 113 vom 25. April 1848.

72 Georg Weber zeichnet ein kritisches, wenn auch fast mitfühlendes Bild von Reichlin-Meldegg. Georg WEBER, Heidelberger Erinnerungen. Stuttgart 1886, S. 190 ff.

73 Vgl. Reichlin-Meldegg, Paulus und seine Zeit (wie Anm. 3), Bd. 2, S. 380 f.

74 Reichlin-Meldegg, Paulus und seine Zeit (wie Anm. 3), Bd. 2, S. 381.

75 UA H IV–102/44 (fol. 179–183).

76 UA H IV–102/44 (fol. 179v).

77 UA H IV–102/44 (fol. 180).

78 UA H IV–102/44 (fol. 201v).

79 UA H IV–102/44 (fol. 202v).

80 GW, Bd. 6, S. 31.

81 Gemeint ist Karl Alexander Freiherr von REICHLIN-MELDEGG, Die deutschen Volksbücher von Johann Faust, dem Schwarzkünstler, und Christoph Wagner, dem Famulus. 3 Bde. (Der Schatzgräber in den literarischen und bildlichen Seltenheiten hauptsächlich des deutschen Mittelalters, 6–8). Stuttgart 1848.

82 SW, Bd. 13, S. 165.

83 UA H IV–102/44 (Votum vom 23. Dezember 1848).

84 Weber, Heidelberger Erinnerungen (wie Anm. 72), S. 207 ff.

85 Kuno FISCHER, Ludwig Feuerbach und die Philosophie unserer Zeit. In: Die Akademie. Philosophisches Taschenbuch. Hg. von Arnold Ruge, Leipzig 1848.

86 GLA 235/588.

87 Feuerbach an seine Frau vom 5. Oktober 1848 (GW, Bd. 19, Brief Nr. 603).

88 GW, Bd. 19, Brief Nr. 603.

89 Siehe GW, Bd. 19, Brief Nr. 604 an Otto Wigand vom 7. Oktober 1848. Über die Adreßbücher der Stadt Heidelberg läßt sich trotz wechselnder Eigentümer und Hausnummern das Anwesen von Seitz bis in unsere Tage verfolgen. Lucas Seitz, Wirt, taucht im Verzeichnis der Hausbewohner der damals selbständigen Gemeinde Neuenheim 1848 unter »Landstraße, Hausnummer 127« auf (StadtA HD).

90 SW, Bd. 13, S. 168 f.

91 Vgl. Mumm, Heidelberger Arbeiterverein (wie Anm. 1), S. 74 f. und 90 und Jacob MOLESCHOTT, Hermann Hettner's Morgenroth. Gießen 1883.

92 GW, Bd. 19, Brief Nr. 614 vom 12. Februar 1849.

93 Keller, Briefe (wie Anm. 46), S. 186.

94 GW, Bd. 19, Brief Nr. 607 an Bertha vom 23. Oktober 1848.

95 WA, Bd. 3, S. 221.

96 StadtA HD, Protokollbuch des Rates der Stadt Heidelberg von 1848/49.

97 GLA 269/101.

98 Mumm, Heidelberger Arbeiterverein (wie Anm. 1), S. 73 ff. Der Text der Dankadresse ist abgedruckt in: GW, Bd. 19, Brief Nr. 616.

99 GW, Bd. 6, S. 244.

100 GW, Bd. 19, Brief Nr. 614 an Bertha vom 12. Februar 1849, Nr. 576 an Bertha vom 3. April 1848; vgl. auch Mumm, Heidelberger Arbeiterverein (wie Anm. 1), S. 66 ff.

101 Hausrath, Rothe (wie Anm. 44), S. 126; vgl. auch die Unterlagen zum »Hausacker« im StadtA HD (Heidelberg-Kartei).

102 GLA 236/8218 (fol. 130 ff.).

103 In Frankfurt gibt es einige Monate zuvor, am 18. September 1848, einen Aufstand, den Feuerbach unmittelbar vor seiner Abreise nach Heidelberg miterlebt; kurz darauf erfolgt ein Putschversuch von Struve, der von der Schweiz aus einen bewaffneten Einfall nach Baden macht (vgl. Derwein, Heidelberg im Vormärz [wie Anm. 1], S. 83). Beide Aufstände werden niedergeschlagen. Als Feuerbach seinen Bruder in Freiburg besucht, um mit ihm über die Frage »Heidelberg oder nicht« zu sprechen, hat er angeblich Struve getroffen. Struve soll ihn, so heißt es, zum Mitkämpfen aufgefordert haben, was Feuerbach ablehnt: »Ich gehe jetzt nach Heidelberg und halte dort den jungen Studenten Vorlesungen über das Wesen der Religion, und wenn dann von dem Samen, den ich dort ausstreue, in hundert Jahren einige Körnchen aufgehen, so habe ich zum Besten der Menschheit mehr angerichtet, als Sie mit Ihrem Dreinschlagen.« (SW, Bd. 12, S. 121).

104 SW, Bd. 13, S. 170 ff.

105 Henriette FEUERBACH, Ihr Leben in ihren Briefen. Hg. von Hermann Uhde-Bernays. Berlin und Wien 1913, S. 150.

106 Vgl. auch den »Nürnberger Courier«, zit. in: SW, Bd. 13, S. 169 f.

107 Vgl. Karl LÖWITH, Von Hegel zu Nietzsche. Stuttgart ⁵1964, S. 358 ff. und WA, Bd. 4, S. 463 ff.

108 SW, Bd. 12, S. 108 f.

109 GW, Bd. 6, S. 44 ff.

110 GW, Bd. 19, Brief Nr. 613; eines der seltenen Exemplare liegt in der Universitätsbibliothek Heidelberg. Feuerbach hat die Auflage von 1846 geringfügig überarbeitet; so fehlt z. B. der § 1 der Auflage von 1846.

111 Vgl. Anm. 101.

112 WA, Bd. 4, S. 112.

113 Vgl. GW, Bd. 6, S. 43.

114 Vgl. Reichlin-Meldegg, Paulus und seine Zeit (wie Anm. 3), Bd. 2, S. 442 f. und Hausrath, Rothe (wie Anm. 44), S. 126.

115 Vgl. WA, Bd. 5, S. 430 wie auch die Kritik von Engels an Feuerbach in WA, Bd. 4, S. 465 ff.

116 Keller, Briefe (wie Anm. 46), S. 185.

117 Vgl. Erich THIES, Philosophie und Wirklichkeit. Die Hegelkritik Ludwig Feuerbachs. In: Ludwig Feuerbach. Hg. von Erich Thies, Darmstadt 1976, S. 431 ff.; darin abgedruckt: Karl LÖWITH, Vermittlung und Unmittelbarkeit bei Hegel, Marx und Feuerbach, S. 135 ff.; Hans-Georg GADAMERS Kritik an Löwith, ebd., S. 443; zu Engels vgl. WA, Bd. 4, S. 466.

118 GW, Bd. 6, S. 4 f.

119 SW, Bd. 13, S. 172.

120 SW, Bd. 13, S. 173.

121 Vgl. Sass, Ludwig Feuerbach (wie Anm. 20), S. 106.

122 Ebenfalls scheitert der Versuch von Studenten der Universität Jena im Januar 1849, Feuer-
     bach an die dortige Universität berufen zu lassen. Vgl. Georg KLAUS, Dr. Ludwig Feuerbach
     wurde nicht an die Universität Jena berufen. In: Urania. Zeitschrift über Natur und
     Gesellschaft. 15. Jg. (1952), S. 412 f.

123 GW, Bd. 19, Brief Nr. 632 an Friedrich Kapp vom 3. März 1850.

124 Diesen Hinweis verdanke ich Werner Schuffenhauer (Berlin).

125 SW, Bd. 13, S. 179. Vgl. auch: Jacob Moleschott, Hermann Hettner's Morgenroth (wie
     Anm. 91), S. 32: »Dort [bei Kapp] lernten wir Ludwig Feuerbach persönlich kennen, und mir
     wird es bis an meinen Lebensabend eine Genugthuung bleiben, daß ich dem Meister nahe
     kam durch ein Gespräch, in das er sich mit dem später berühmt gewordenen Astronomen
     Hirsch aus Neuchatel verwickelt hatte, der damals mit Recht als einer der begabtesten,
     liebenswürdigsten, gewecktesten Heidelberger Studenten angesehen wurde.« Prorektor
     Rothe war da aber ganz anderer Meinung!

126 GLA 236/8571 (fol. 43). Die meisten der Hinweise auf das Schicksal der an der Feuerbach-
     Affaire beteiligten Studenten habe ich von Herrn Heinrich Raab (Karlsruhe) erhalten.

127 GLA 236/8571 (fol. 41v).

128 Anklag-Akte, errichtet durch die K. General-Staatsprokuratur der Pfalz, nebst Urtheil der
     Anklagekammer des k. Appellationsgerichtes der Pfalz in Zweibrücken vom 29. Juni 1850,
     in der Untersuchung gegen Martin Reichard, entlassener Notär in Speyer, und 332 Consor-
     ten, wegen bewaffneter Rebellion gegen die bewaffnete Macht, Hoch- und Staatsverraths
     etc. Zweibrücken 1850, S. 50.

129 GLA 235/431 (fol. 215).

130 GLA 49/2410 (fol. 13).

131 GLA 236/8221 (fol. 167–169).

132 GLA 215/379 (fol. 91).

133 GLA 49/2420 (fol. 101 ff.).

134 GLA 236/8219 (fol. 235).

135 GLA 236/8755 (fol. 50v). Zu Spengler: Gerhard SAUL, Ein Corps-Student begründet den
     Weltruf Davos [sic!]. Dr. med. Alexander Spengler (Sueviae Heidelberg 1847, KCL 67, 360).
     In: Einst und Jetzt. Jahrbuch des Vereins für corpsstudentische Geschichtsforschung 28
     (1983), S. 195–202.

136 GLA 236/8220 (fol. 27).

137 Felix SUTER/Hans MEYER, Hundert Jahre Kurort Davos. Bern 1966.

138 GLA 313/3863 (fol. 36v).

139 GLA 236/8219 (fol. 291), GLA 236/8502 (fol. 139 f.).

140 GLA 236/8502 (fol. 147), GLA 236/8571 (fol. 39).

141 Anklag-Akte (wie Anm. 128), S. 29.

142 GLA 48/5202, GLA 236/8502 (fol. 160), GLA 48/5203, GLA 49/1471 (fol. 229).

143 GLA 236/8502 (fol. 146–151).

144 GLA 342/38 (fol. 331).

145 Vgl. GW, Bd. 19, Brief Nr. 571 an Friedrich Feuerbach vom November 1847 und Nr. 575 an
     Otto Wigand vom 3. März 1848.

146 GLA 52 N Bekk (fol. 166); mit Herwegh hatte Feuerbach häufigen Kontakt, z. B. in Heidelberg 1845 und 1846.

147 GLA 48/3075 (fol. 99, 112).

148 GLA 49/1019 (fol. 161).

149 GLA N Mone Nr. 26 (fol. 5, 45, 115).

150 GLA 236/8577 (fol. 54v).

151 GLA 235/8577 (fol. 56).

152 GLA 236/8571 (fol. 44v).

153 GLA 65/79 (fol. 63, 75).

154 GLA 270/34 (fol. 150, 192, 195).

155 GLA 236/8577 (fol. 4 f.).

156 Vgl. Blos, Badische Revolutionsgeschichte (wie Anm. 1), S. 104.

157 Siehe Thielbeer, Universität und Politik (wie Anm. 70), S. 60.

Abbildungsverzeichnis mit Quellennachweis

86

Dem Freien Deutschen Hochstift. Frankfurter Goethemuseum, dem Generallandesarchiv Karlsruhe, der Universitätsbibliothek Helsinki, dem Kurpfälzischen Museum der Stadt Heidelberg,
dem Stadtarchiv Heidelberg, der Zentralbibliothek Zürich, der Universitätsbibliothek München,
der Universitätsbibliothek Heidelberg und den privaten Leihgebern wird für ihre freundliche
Genehmigung zum Abdruck gedankt.

Umschlagabbildung, Vignette auf Seite 92, Abbildungen 3, 4, 6, 9, 10, 12—15, 17: Aufnahme:
Helmuth Humm, Stadtarchiv Heidelberg.

Abbildungen 1, 7, 8, 19: Vorlage und Aufnahme: Generallandesarchiv Karlsruhe.

87

Orts- und Personenregister

Verlag Brigitte Guderjahn · Heidelberg

Roland Vetter: Heidelberga deleta

Heidelbergs zweite Zerstörung im Orléansschen Krieg und die französische Kampagne von 1693. 70 Seiten mit 11 Abbildungen und einem Faltplan. 2. Auflage 1990. (= Schriftenreihe des Stadtarchivs Heidelberg, Heft 1)

Roland Vetter: Das Alte Badhaus zu Eberbach

Von der spätmittelalterlichen Badstube zum Hotel – Restaurant. 128 Seiten mit 54 Abbildungen. 1990

Harald Pfeiffer: Heidelberger Musikleben in der ersten Hälfte des 19. Jahrhunderts

347 Seiten mit 11 Abbildungen. 1989. (= Buchreihe der Stadt Heidelberg, Band I)

Günther Debon: Ein Lächeln Dir

Heidelberg-Gedichte. 114 Seiten mit 14 Radierungen von Giorgio Ferrari. 1989

Adolf von Oechelhäuser: Das Heidelberger Schloß

Mit Anmerkungen und dem Kapitel »Die Heidelberger Schloßruine im Rahmen der romantischen Bewegung« von Joachim Göricke. X und 125 Seiten Text, 28 Seiten Tafeln, 4 Textabbildungen und 1 Plan. 8. Auflage 1987

Peter Friedrich de Walpergen: Schloß und Stadt Heidelberg

25 Aquarelle und Zeichnungen (1752–1804) aus den Beständen des Kurpfälzischen Museums der Stadt Heidelberg, herausgegeben und kommentiert von Sigrid Wechssler. 52 Seiten. 1987. (= Aus Heidelberger Sammlungen, Band 4)

Otto Jaeger: Die Flurnamen von Neuenheim. 765–1891

Mit einem Beitrag »Naturausstattung und landschaftliche Gliederung der Neuenheimer Flur« von Horst Eichler. 212 Seiten mit 24 Abbildungen und 2 Plänen. 1988

Martin Jordan: Die Handschuhsheimer vor 1900

Ortssippenbuch von Heidelberg-Handschuhsheim. XI und 563 Seiten. 1988

Reinhard Hoppe: Vor den Mauern Heidelbergs. Stadtteil Schlierbach

132 Seiten mit 49 Abbildungen. 2. Auflage 1984

Ernst Hug erzählt Ziegelhäuser Geschichten

183 Seiten mit 28 Abbildungen, Umschlagzeichnungen von Bruno Kröll. 1986

Hans-Ulrich Hayn · Rudolf Kühn: Die ausländischen Baumarten im Heidelberger Stadtwald

Führer durch die Arboreten I und II. 79 Seiten mit 12 Abbildungen und 3 Karten. 1988

CIP-Titelaufnahme der Deutschen Bibliothek

Thies, Erich:

Ludwig Feuerbach : zwischen Universität und Rathaus
oder die Heidelberger Philosophen und die 48er Revolution / Erich
Thies. – Heidelberg : Guderjahn, 1990
(Schriftenreihe des Stadtarchivs Heidelberg ; H. 2)
ISBN 3-924973-32-6
NE: Stadtarchiv ‹Heidelberg› : Schriftenreihe des Stadtarchivs . . .